Bericht

über die

neunte Versammlung deutscher Historiker

zu Stuttgart.

17. bis 21. April 1906.

Leipzig,
Verlag von Duncker & Humblot.
1907.

Dem vorliegenden Berichte liegen schriftliche Aufzeichnungen und Mitteilungen zugrunde, welche die Herren Vortragenden und Teilnehmer an der Debatte zur Verfügung gestellt haben. Sämtliche Redner haben in die über ihre Ausführungen berichtenden Stellen vor der Drucklegung Einsicht genommen.

Dr. Armin Tille.

Inhalt.

		Seite
1.	Allgemeines	1
2.	Erste Sitzung:	
	a) Eröffnung	2
	b) „Das römische Heer in Deutschland", Vortrag von Prof. Dr. Fabricius (Freiburg i. B.)	4
	c) „Tausendschaft und Hundertschaft", Vortrag von Prof. Dr. S. Rietschel (Tübingen)	8
3.	„Die rechtshistorischen Grundlagen des Geldwesens", öffentlicher Vortrag von Prof. Dr. Knapp (Straßburg)	11
4.	Zweite Sitzung:	
	a) „Deutschland und Preußen im 19. Jahrhundert", Vortrag von Prof. Dr. Meinecke (Freiburg i. B.)	13
	b) „Historisch-geographische Probleme", Vortrag von Prof. Dr. Oswald Redlich (Wien)	15
5.	„England und Europa vor hundert Jahren", öffentlicher Vortrag von Oberstudienrat Dr. Egelhaaf (Stuttgart)	19
6.	Dritte Sitzung:	
	a) „Die wirtschaftliche Entwicklung Italiens im früheren Mittelalter", Vortrag vom Privatdozenten Dr. L. M. Hartmann (Wien)	20
	b) „Karl der Große", Vortrag von Prof. Dr. Bloch (Rostock)	25
	c) „Schwabens Stellung in der Geschichte der Malerei", Vortrag von Prof. Dr. von Lange (Tübingen)	32
7.	Vierte Sitzung:	
	„Die Bedeutung des Protestantismus für die Entstehung der modernen Welt", Vortrag von Prof. Dr. Tröltsch (Heidelberg)	34
8.	Festmahl und Ausflug nach Eßlingen	36

Seite

Erster Anhang. Geschäftsbericht des Verbandes deutscher Historiker . 38
Zweiter Anhang. Bericht über die siebente Konferenz von Vertretern
    landesgeschichtlicher Publikationsinstitute 40
Dritter Anhang. Mitteilung über den Leopold von Ranke-Verein . 55
Vierter Anhang. Verzeichnis der Teilnehmer an der neunten Ver-
    sammlung deutscher Historiker 57
Fünfter Anhang. Mitglieder des Verbandes deutscher Historiker im
    Jahre 1906 63

Allgemeines.

Die Vorbereitung der Versammlung erfolgte wie gewöhnlich durch den Verbandsausschuß und namentlich dessen Vorsitzenden, diesmal Geh. Hofrat Prof. v. Below (Freiburg i. B.), der zu Beginn des Jahres das „Vorläufige Programm" veröffentlichte. Dieses ist sämtlichen Mitgliedern des Verbandes deutscher Historiker sowie einer größeren Anzahl von Zeitungen zugegangen und überdies etwa 300 deutschen Geschichtsforschern gesandt worden, deren Namen ein von Dr. Armin Tille (Leipzig) in Ausführung des Beschlusses des Verbandsausschusses (vgl. Bericht über die achte Versammlung deutscher Historiker, S. 45) angelegter Zettelkatalog enthält; letzterer wird dauernd ergänzt. Das endgültige Programm ist nur den Verbandsmitgliedern und denjenigen Personen zugegangen, die gemäß der auf dem vorläufigen Programm enthaltenen Mitteilung ausdrücklich um seine Zusendung gebeten hatten. Dieses Verfahren hat sich anscheinend bewährt; wenigstens ist jedem geschichtlichen Arbeiter, der etwa Lust zur Beteiligung an der Versammlung verspürte, Gelegenheit gegeben gewesen, sich genau über das Programm der Tagung zu unterrichten.

Dienstag, den 17. April, nachmittags 5 Uhr fand im Museum, in dessen Räumen auch die Verhandlungen abgehalten wurden, eine Sitzung des Verbands- und Ortsausschusses statt, in der über die geschäftlichen Dinge beraten und namentlich die Sitzung des Verbandes deutscher Historiker, die am 21. April stattfand, vorbereitet wurde.

Abends um 8 Uhr trafen sich die Teilnehmer zur Begrüßung im großen Saale des Museums, in dessen unmittelbarer Nähe sich das Empfangsbureau befand. Der Vorsitzende des Ortsausschusses, Oberstudienrat Egelhaaf, begrüßte die Gäste in längerer humorvoller Rede, gedachte dabei der verdienstvollen Geschichtsschreiber, die Württemberg hervorgebracht hat, und ließ seine Rede in einem Preis der schwäbischen Gemütlichkeit ausklingen. In gewohnter Weise erfolgte dann die allgemeine Vorstellung, indem jeder Anwesende seinen Namen und Wohnort nannte.

Der Ortsausschuß bestand aus Oberstudienrat Dr. Egelhaaf als Vorsitzendem, Direktor v. Berner, Prof. Dr. Ernst, Oberbürgermeister v. Gauß, Archivrat Dr. Krauß, Privatier Karl Lotter, Prof. Dr. Marx, Generalmajor z. D. Dr. v. Pfister, Archivdirektor Dr. v. Schneider und Hofbuchhändler Wildt.

Im Empfangsbureau der Versammlung, dessen Leitung in den Händen des Herrn Karl Lotter lag, empfingen die Teilnehmer außer der Teilnehmer- bezw. Mitgliedskarte als Festgaben:

1. "Württembergische Vierteljahrshefte für Landesgeschichte". Neue Folge, herausgegeben von der Württembergischen Kommission für Landesgeschichte, XV. Jahrg., Heft 2 (Stuttgart 1906, S. 187—419).
2. "Vierteljahrschrift für Sozial- und Wirtschaftsgeschichte", herausgegeben von Prof. Bauer, Prof. v. Below und Dr. Hartmann. IV. Bd., zweites Heft (Stuttgart 1906, Seite 227—296).
3. "Deutsche Geschichtsblätter, Monatsschrift zur Förderung der landesgeschichtlichen Forschung", herausgegeben von Dr. Armin Tille. VII. Bd., 6./7. Heft (Gotha 1906, S. 155—202).
4. "Führer durch Stuttgart", herausgegeben vom Verein für Fremdenverkehr.

Erste Sitzung.

Mittwoch, den 18. April, vormittags 9 Uhr im kleinen Saale des Museums.

Als Vorsitzender des Ausschusses des "Verbandes deutscher Historiker" ergriff Geh. Hofrat Prof. v. Below (Freiburg i. B.) das Wort und führte etwa folgendes aus: "Wie auf allen andern Wissensgebieten so hat sich auch auf dem der geschichtlichen Forschung mit der zunehmenden Spezialisierung der Arbeit eine Zersplitterung eingestellt, angesichts deren alle Bestrebungen, welche auf eine Vereinigung der auseinandergehenden Interessen abzielen, Förderung verdienen. Aus diesem Bedürfnis heraus sind die Historikertage entstanden, und der Verlauf der hinter uns liegenden acht Versammlungen hat bewiesen, daß sie tatsächlich geeignet sind, den geistigen Austausch unter den Geschichtsforschern und den Zusammenhang der Nachbarwissenschaften mit der Geschichtsforschung zu fördern. Möge auch diese neunte Tagung in dieser Richtung erfolgreich wirken!" Unter Begrüßung der Vertreter der kgl. Staatsregierung, der Stadtgemeinde, der Universität Tübingen und der Technischen Hochschule Stuttgart erklärte er die neunte Versammlung deutscher Historiker für eröffnet.

Hierauf übermittelte Kultusminister v. Weizsäcker der Versammlung den Gruß und die besten Wünsche des Königs für einen ersprießlichen Verlauf der Tagung und knüpfte daran den Willkommensgruß der Staatsregierung und die ernsten Wünsche der Unterrichtsverwaltung. Es erscheine ihm fast so, als ob in der Gegenwart oft die Bedeutung des geschichtlichen Unterrichts nicht voll zum Bewußtsein käme, als ob sein erzieherischer Wert nicht genügend gewürdigt werde. Während die Älteren das Glück gehabt hätten, eine große geschichtliche Zeit mit zu erleben, müsse der Historiker die Kenntnis davon der Jugend übermitteln, und darüber hinaus sei er berufen, unbekümmert um die Leidenschaften des Tages, die große Bedeutung eines gefestigten Staatswesens für jeden dauernden Fortschritt der lebenden und besonders der heranwachsenden Generation klar zu machen.

Im Namen der Stadtverwaltung begrüßte Gemeinderat Dr. Mattes die Versammlung, hob den Wert der Geschichte für die Verwaltung großer Gemeinwesen hervor, betonte die erfolgreiche Pflege geschichtlicher Studien in Schwaben und besonders in Stuttgart und forderte schließlich die Historiker auf, sich auch der Gegenwart zu freuen und die herrliche Umgebung Stuttgarts in ihrem Frühlingsschmuck zu genießen.

Die Grüße der Landesuniversität Tübingen übermittelte der derzeitige Rektor Professor Dr. Rümelin unter dem Ausdruck des Bedauerns, daß Tübingen leider nicht in der Lage sei, eine derartige großartige Versammlung aufzunehmen. Aber in Tübingen sei die Geschichtswissenschaft von jeher gepflegt worden, gerade die Tübinger seien auch auf den bisherigen Historikertagen immer zahlreich vertreten gewesen. Auch die übrigen Wissenschaften, und namentlich die vom Redner repräsentierte Rechtswissenschaft, wüßten die geschichtliche Forschung sehr wohl zu schätzen, und man dürfe die Vereinigung von Rechtswissenschaft, Geschichte — insbesondere Wirtschaftsgeschichte — und Nationalökonomie als einen festgefügten Dreibund bezeichnen, für dessen Bestand die Historikerversammlungen von besonderer Bedeutung seien.

Der Senat der Technischen Hochschule ließ seine Grüße durch Oberbaurat Mörike, den derzeitigen Rektor, entbieten. Er berührte die Beziehungen der technischen Wissenschaften zur Geschichtswissenschaft: die ersteren besäßen ihre Grundlage im Experiment, die letzteren in der Prüfung der Quellen, aber die geistige Arbeit sei bei beiden grundsätzlich gleicher Art. Wenn bei der technischen Ausbildung der Jugend mit Recht Nachdruck darauf gelegt werde, daß der offene Blick für die Bedürfnisse und Aufgaben der Zeit geschult wird, so handle es sich dabei im Grunde um geschichtliche Erkenntnis. Andrerseits greife die moderne Technik immer machtvoller in das Kulturleben der Völker ein und schaffe immer neue Verhältnisse, die zu erforschen und in ihren Ursachen und ihrer Bedeutung für die Nachwelt verstehen zu lehren, eine äußerst schwierige aber auch dankbare Aufgabe für die Geschichtsforscher bilde. Das Verständnis für diese Zusammenhänge sei in dem Lehrkörper der Technischen Hochschule durchaus lebendig, und daraus ergebe sich von selbst, daß auch von dieser Seite den Beratungen dieser Versammlung vollste Aufmerksamkeit gezollt werde.

Nachdem der Vorsitzende den Rednern gedankt und dabei besonders hervorgehoben hatte, daß unter günstigeren Auspizien als denen, die in den Namen Weizsäcker und Rümelin ausgesprochen seien, der Historikertag wohl nicht hätte eröffnet werden können, wurde in die Verhandlungen eingetreten.

Als erster Redner nahm Professor Dr. Fabricius (Freiburg i. B.) das Wort und behandelte „Das römische Heer in Deutschland"[1]. Der Gedankengang seiner Ausführungen war etwa folgender:

Ausgehend von der Tatsache, daß sich bei Stuttgart alte Römerstraßen kreuzten, woran das Kastell bei Kannstatt erinnert, und unter Hinweis auf die in der oben unter Nr. 1 angeführten Festschrift enthaltenen Arbeit von Lachenmaier über die Okkupation des Limesgebietes durch die Römer bezeichnete es Redner als die Aufgabe seiner Darlegung, die Organisation des römischen Heeres in der Zeit von etwa 70 bis 260 n. Chr. in ihren Wandlungen zu verfolgen; denn der Limes sei das Werk des Heeres, und seine Anlage nur aus der Organisation des letzteren zu verstehen. Da die wenigen schriftstellerischen Zeugnisse aus jener Zeit nicht genügen, um systematisch ein Bild der Heeresorganisation zu entwerfen, so müssen die baulichen Überreste und Inschriften ausgebeutet und vor allem die daraus zu gewinnenden chronologischen Angaben sorgfältig berücksichtigt werden. Geschieht dies, dann ergibt sich etwa folgende Entwicklung. Das römische Heer zerfiel im ersten nachchristlichen Jahrhundert in Legionen und Hilfstruppen (auxilia); in ersteren dienten die römischen Bürger, in den letzteren die Peregrinen, als Reiter in den alae, als Fußsoldaten in den cohortes. In Oberdeutschland lagen ursprünglich vier Legionen, von denen zwei in Mainz und je eine in Straßburg und Windisch garnisonierten, während Rätien ohne alle Legionen war. Die Truppenkörper erhielten nun aber neben einer Geldlöhnung auch Land zum Nießbrauch; dadurch verwuchsen sie mit dem Boden und wechselten ihren Aufenthaltsort demgemäß nur ganz selten. Die Hilfstruppen wurden gewohnheitsmäßig nach

---

[1] Der Vortrag ist unter dem Titel „Das römische Heer in Obergermanien und Rätien" in der „Historischen Zeitschrift", 98. Bd., S. 1ff., erschienen.

den Teilen des Reiches benannt, aus denen sie sich ursprünglich rekrutiert hatten; so begegnen z. B. Syrer und Thraker, die damals an den Rhein gekommen waren, aber tatsächlich werden schon am Ende des ersten Jahrhunderts die im Lande Geborenen überwogen haben. Eine Trennung zwischen den zur Grenzwacht bestimmten Truppen und einem Operationsheere gab es im römischen Reiche nicht, und deshalb mußten im Bedarfsfalle Truppen von der Grenze weggezogen werden, wenn es irgendwo Aufstände niederzuschlagen galt; in solchen Fällen wurden z. B. die Legionen aus Straßburg und Mainz im übrigen Gallien verwendet. Als im Bürgerkrieg zwischen Vitellius und Vespasian der erstere die Legionen vom Rhein, der letztere die von der Donau weggezogen hatte, erhob sich der Bataveraufstand, an dem viele Offiziere und Soldaten der Hilfstruppen beteiligt waren. Die Folge dieses Vorfalles war, daß nach dem Jahre 70 als Offiziere der Peregrinen nur noch Römer zur Verwendung kamen und daß ihre Lager von denen der Legionen getrennt und auf das rechte Rheinufer verlegt wurden. Dabei lag der Verteilung der Truppen kein bestimmtes System zugrunde; einige Gegenden waren stärker, andre schwächer besetzt, und höchst wahrscheinlich war vielfach die Rücksicht auf die Verpflegung der Truppen dafür maßgebend. Damals rückte das römische Heer in die agri decumates ein, in das sogenannte „Zehntland", das ursprünglich Domanialbesitz des Kaisers war und zehntpflichtigen gallischen und britannischen Kolonen zur Besiedlung überlassen worden war. Nach den Inschriften gab es um 100 n. Chr. dort vier alae und 17 bis 20 cohortes Hilfstruppen, während in Mainz und Straßburg nur noch je eine Legion stand. Seit etwa 120 n. Chr. wurde der polizeiliche Grenzschutz nach einer bestimmten Schablone organisiert, und damals wurde aus dem Grenzweg (limes) die Grenzbefestigung, eine geradlinige Anlage mit Palisaden und Kastellen in gleichmäßigen Zwischenräumen. Die einzelnen militärischen Abteilungen fingen an, insofern sie ihren Acker bewirtschafteten, feste Niederlassungen zu bilden, aus denen sich die Truppenkörper weiter rekrutierten. Denn die Soldaten der Hilfstruppen standen 25 Jahre bei der Fahne, waren meist verheiratet und lebten in ihren Gehöften bei den Kastellen, während sie nur einige Stunden im Kastell selbst Dienst taten. Dieses wahrscheinlich zuerst bei den auxilia entwickelte System bürgerte sich seit dem Ende des 2. Jahrhunderts auch bei den Legionen ein. Schon vorher war in den numeri eine dritte Gattung Krieger hinzugekommen, die als exploratores verwendet wurden und aus der angesiedelten Bevölkerung, vielfach auch aus Barbaren bestanden. Grundsätzlich wurde an der seit 120 n. Chr. üblichen Grenzverteidigung überhaupt nichts mehr geändert, und um 200 waren sämtliche römische Soldaten im obergermanischen und rätischen

Limesgebiet (auxilia, numeri) in dem Maße seßhaft, daß man sie als **angesessene Ackerbau treibende Grenzmilizen** oder als **zum militärischen Dienst verpflichtete Bauern** bezeichnen darf; sie waren Verteidiger der römischen Reichsgrenze **und ihrer eigenen Äcker**. Darin aber lag auch ihre Schwäche, denn diese Grenzwache, deren Teile weit auseinandergezogen waren, besaß nicht die Kraft zum Widerstande bei heftigem Andringen der Feinde. So erklärt es sich, daß bei dem Ansturm der Germanen um 260 n. Chr. nicht bloß sämtliche Limeskastelle zerstört oder aufgegeben wurden, sondern daß wir von diesem Augenblicke an weder von den alae noch von den cohortes weitere Kunde erhalten. Die bisherigen Grenzverteidiger hören auf, sich als Soldaten zu fühlen, sie werden ausschließlich Bauern, was sie vorher schon zu drei Vierteln gewesen waren. Die Kastelldörfer überdauerten die Kastelle, und ihre Bewohner unterwarfen sich dem germanischen Herrschervolke, das vom Lande Besitz ergriff. Nur so wird es verständlich, daß sich kein einziger Truppenkörper zum Rheine zurückgezogen hat. Denn in der Notitia dignitatum begegnet nicht eine einzige der aus der früheren Zeit bekannten Auxiliartruppen des obergermanischen Heeres und in Rätien ausschließlich Truppenkörper, die ihre Standlager nachweislich nicht im Limesgebiet, sondern südlich der Donau gehabt haben.

In der anschließenden Erörterung hob zuerst Professor Jung (Prag) hervor, daß nach seiner Ansicht die Entstehung der Dörfer (vici) bei den Kastellen in den meisten Fällen auf sakrale Gepflogenheiten zurückzuführen sei, insofern sie im Anschluß an die außerhalb der Kastelle errichteten Tempel, häufig solcher von orientalischen Gottheiten, erwachsen wären. Jedenfalls sei es wünschenswert, daß in dieser Beziehung die Verhältnisse in den einzelnen Provinzen genauer untersucht und mit einander verglichen würden.

Professor Kornemann (Tübingen) glaubte der „Leisetreterei" und mangelhaften Energie des Augustus nach der Niederlage des Varus die Schuld für den unzureichenden Grenzschutz in Germanien beimessen zu müssen; er habe mit unzureichenden Mitteln das große Reich zu verteidigen versucht. Erst unter Claudius sei man wieder zu einer kraftvollen Offensive übergegangen, wie die Eroberung von Britannien beweise. Immerhin habe der Kaiser gerade mit Rücksicht darauf Legionen von der germanischen Grenze weggezogen, wenn er auch das Land nicht preisgegeben habe. Der Kaiser, der dem Römischen Reiche seine chinesische Mauer gebaut habe, sei Hadrian. Wie er in Übereinstimmung mit Lachenmaier annehme, habe schon unter ihm die Anlage des geradlinigen Limes Miltenberg—Lorch stattgefunden. Der letzte Angreifer sei Mark Aurel gewesen, der das Markomannenland zur Provinz habe machen wollen. Von Commodus ab habe das hadrianische Defensivsystem ausschließlich geherrscht.

Prof. Gundermann (Tübingen) lehnte die übliche Übersetzung von agri decumates als „Zehntland", weil sprachlich nicht zu rechtfertigen, und zugleich die Erklärung der Bezeichnung ab: lateinisch müßte das Wort decumani lauten. Es sei auch keine keltisch-lateinische Mischbildung, eher ein rein keltisches Wort, das aber noch nicht zu deuten gelungen sei; man wisse vor allem nicht, ob das Wort „zehn" überhaupt darin stecke.

Prof. Kaufmann (Breslau) glaubte im Gegensatz zu Kornemann die maßvolle Politik des Augustus anerkennen zu sollen, insofern er nicht mehr gewagt habe als er auch durchzusetzen hoffen konnte. Ergänzend hob Dr. Hartmann (Wien) hervor, daß tatsächlich bei den Verhältnissen im Reiche für Augustus ein kräftiger Vorstoß in Germanien wirtschaftlich unmöglich gewesen sei.

Prof. Fabricius hielt gegenüber Gundermann an der Möglichkeit fest, agri decumates sei eine lateinisch-keltische Mischbildung. Er betonte ferner, daß die gefundenen Inschriften die feste Grundlage für die Forschung darstellen und daß eine Hypothese nur dann brauchbar sei, wenn man sie damit in Einklang bringen könne. Es sei ein methodischer Fehler an den epigraphischen Zeugnissen zu rütteln. Gegenüber Lachenmaier, der nachher in längerer Rede im allgemeinen seinen Standpunkt in einigen von Fabricius nicht angenommenen Punkten verteidigte und vor allem daran festhielt, daß die Verlegung des Limes noch unter Hadrian erfolgt sei, führte er eine Inschrift vom Jahre 148 an, also aus der Zeit nach Hadrians Tode, die seiner Ansicht nach nur aus der Zeit vor der Verlegung stammen könne. Lachenmaier wendete dagegen ein, daß seiner Ansicht nach diese Inschrift nicht als Beweis, daß damals die Verlegung noch nicht stattgefunden gehabt habe, angeführt werden könne, sondern daß sie anders zu erklären sei [1].

---

[1] Diese Ausführungen beziehen sich auf den Böckinger Fortunaaltar eines Präpositus der 1. Helvetierkohorte, Rasellius. Während Fabricius aus diesem und zwei anderen Altären desselben Stifters (CIL XIII 6469, 6471, 6472) folgert, daß damals noch sämtliche Kohorten an der Neckarlinie gelegen haben, glaubt Lachenmaier, daß nicht notwendig diese Folgerung daraus gezogen werden müsse. Denn es bestehe doch die Möglichkeit, daß der Dedikant zur Zeit seiner Widmung gar nicht mehr in Böckingen, sondern in Öhringen, dem entsprechenden Kastell der vorderen Linie, gestanden habe. Ebensogut wie der Alenpräfekt von Vinovia der ihm als Abschnittskommandanten unterstehenden Kohorte von Lavatrae ihr Kastellbad wieder aufbauen lasse (Corp. Inscript. lat. VII, 273), könne auch der Präpositus der Öhringer Helvetierkohorte als Vorgesetzter des seiner Kohorte attachierten Böckinger Britonen-

Nach einer Pause hielt Prof. Rietschel (Tübingen) seinen Vortrag über Tausendschaft und Hundertschaft[1].

Der Redner behandelte ein viel umstrittenes Kapitel der älteren deutschen Verfassungsgeschichte und tilgte zunächst die im wesentlichen erst von W. Sickel in seinem Buche „Der deutsche Freistaat" (Halle 1879) entdeckte Tausendschaft völlig aus der Reihe der bei den Deutschen vorhandenen Verfassungs- oder irgendwelcher anderer Einheiten, da sie als politischer Verband überhaupt nicht und als militärischer nur bei den Westgoten, und hier wohl infolge römischen Einflusses, nachweisbar sei. Die bekannte Cäsarstelle über die 100 Gaue der Sueben sei kein Beweis für die Tausendschaft; im Gegensatz zu dem sorgsam auf Grund aller erreichbaren Quellen ausgearbeiteten Geschichtswerk des Tacitus gründeten sich Cäsars Notizen, soweit das innere Deutschland in Betracht komme, auf völlig unkontrollierbare Gerüchte. Die Hundertschaft dagegen ist eine gemeingermanische Einrichtung, die sich vor allem auch bei den germanischen, von römischen Einflüssen so gut wie gar nicht berührten Bewohnern Schwedens findet und dort nicht nur Gerichtsbezirk, sondern auch Markgenossenschaft und Pfarrbezirk war. Mit dieser schwedischen Hundertschaft zeigt die von vielen fälschlich auf die fränkische Eroberung zurückgeführte alamannische Hundertschaft ganz auffallende Ähnlichkeiten; auch sie ist zugleich politischer und wirtschaftlicher Verband und reicht als solcher, wie vor allem Karl Weller an den Hundertschaftsnamen gezeigt hat, zweifellos in die älteste Zeit der Besiedelung zurück. Auch für Bayern läßt sich aus einer bisher fast durchweg falsch verstandenen Quellenstelle die Hundertschaft für die Zeit um 800 als allgemeine Landeseinteilung nachweisen. Daß endlich bei den Franken die Hundertschaftseinteilung von alters her gebräuchlich war, ist heute ziemlich allgemein anerkannt. Bei den Sachsen fehlt zwar der Name Hundertschaft, aber die Sache nicht: sie lebt in dem „Go", dessen Vorsteher der „Gogreve" ist. Bei den Angelsachsen ist die Einteilung in Bezirke allgemein üblich, die lateinisch mit regio, später in der Volkssprache mit „Hundred" bezeichnet werden. Die zweifellos als gemeingermanische Einrichtung anzusprechende Hundertschaft war politischer und wirtschaftlicher Verband zugleich.

numerus in das Kastellbad von Böckingen einen Fortunaaltar stiften. Ja, eine Andeutung dieses Sachverhalts scheine darin zu liegen, daß der Altar der Fortuna respiciens („Der Rückwärtsschauenden") und keiner anderen gewidmet werde. Demnach könne der Naselliusstein nicht als absolut zwingender Beweis benutzt werden, daß die vordere Linie im Jahre 148 n. Chr. noch gar nicht existiert habe.

[1] Der Vortrag bildet einen Ausschnitt aus einer größeren Arbeit, deren erster Teil inzwischen unter dem Titel „Die germanische Tausendschaft" in der „Zeitschrift der Savigny-Stiftung für Rechtsgeschichte, Germanistische Abteilung", 27. Bd., S. 234—252 erschienen ist.

Der Name bezeichnet gewiß die Masse von hundert selbständigen Familienvätern, mag nun dabei an 100 oder 120 gedacht werden, d. h. diejenigen waffenfähigen Männer, die zugleich wirtschaftlich selbständig sind und im Gericht sitzen; denn die Zahl der Waffenfähigen war entschieden größer, da die Wehrhaftmachung der Söhne schon im Alter von 12—15 Jahren erfolgte. Aber trotzdem blieb der Jüngling in der „Munt" des Familienhauptes, bis er auch wirtschaftlich selbständig wurde. Die Zahl Hundert wurde natürlich nicht festgehalten, sondern verschob sich, und dies war umso leichter dort, wo sich das Fremdwort „Zent" einbürgerte. Die Hundertschafteinteilung hat sich im ripuarischen Niederrheinland sogar weiterentwickelt, indem sich dort kleine als „Hunnschaften" bezeichnete Bezirke finden, die oft nur Dorfteile darstellen. Wenn man die Hundertschaften schließlich mit den andern Bezirken vergleicht, so ergibt sich, daß die Grafschaft jünger ist als die Hundertschaft. Die alten großen Gaue, die nach alten Völkerschaften, Städten, Flüssen oder Gebirgen benannt sind, werden zu Unrecht mit den späteren Grafschaften, wenn auch die Namen zum Teil dieselben sind, identifiziert. Sie waren regelmäßig, wie schon Eduard Richter erkannt hat, keine politischen Bezirke, denn eine Gauverfassung als solche gibt es nicht; sie bezeichnen vielmehr nur eine Gegend. Nur in Fällen, wo ein solcher Gau später zu einer Grafschaft oder einer Hundertschaft geworden ist, hat er den Charakter eines politischen Bezirks gewonnen. Die Hundertschaft ist demnach der einzige politische Verband der germanischen Urzeit.

Die Aussprache über den Vortrag eröffnete Prof. Oppermann (Utrecht), indem er seine Ansicht vertrat, daß unter Hundertschaft ein Bezirk und nicht ein Personalverband zu verstehen sei, daß der fränkische Staat den römischen Bezirk übernommen habe und daß letzterer wiederum auf eine ursprünglich römische Heereseinrichtung zurückzuführen sei. Auch das Vorkommen der Hundertschaft in Skandinavien sei für ihren germanischen Ursprung nicht beweisend.

Privatdozent Otto Th. Schulz (Leipzig) wandte sich gegen die Auffassung des Vortragenden, daß Cäsar schlecht unterrichtet gewesen sei. Cäsar sei einer der klarsten und schärfsten Denker aller Zeiten gewesen, der sich schwerlich von den Germanen habe irre führen lassen, und Tacitus wiederum habe ganz ausgezeichnete Quellen benutzt. Methodisch sei es verfehlt, sich über die direkten literarischen Zeugnisse, die wir aus dem Altertum besitzen, einfach hinwegzusetzen oder sie mit der souveränen Geringschätzung des modernen Historikers, der „es besser weiß", beiseite zu schieben. Im Gegenteil sei auf wortgetreue und sachliche Interpretation der antiken Quellen zu bringen, die auch für den Prä=

historiker, Ethnologen, Linguisten usw. nur wünschenswert sein könne. Man dürfe außerdem nicht übersehen, daß Tacitus ganz unmöglich mit Cäsar übereinstimmen könne, denn er habe 150 Jahre später geschrieben und in der Zwischenzeit seien die Germanen ausgiebig mit den Römern zusammengetroffen und hätten dementsprechend Fortschritte gemacht. Deshalb könne die Interpretation der literarischen Quellen gar nicht unbefangen genug sein, zumal da man sich leider in den letzten Jahrzehnten daran gewöhnt habe, alle möglichen ethnologischen, wirtschaftlichen und politischen Begriffe in die antiken Zeugnisse hineinzutragen, die gar nicht in ihrem einfachen Wortlaute lägen. Wer sich die Mühe nähme, mit schärfster philologischer Akribie und gänzlicher Unbefangenheit an Cäsar und Tacitus heranzutreten, würde bald finden, daß hier noch reichliche Quellen wirklicher Erkenntnis fließen, die oftmals in überraschender Weise bestätigen, was auf den anderen Wegen der Forschung, denen ihr Recht gewiß nicht verkürzt werden solle, gewonnen worden sei.

Prof. Keutgen (Jena) erblickte eine Bestätigung der von Rietschel vorgetragenen Anschauungen in der Tatsache, daß in England sich in den dauernd angelsächsischen Gebieten ebenfalls die Hundertschaft (heute: hundred) findet, während in den nordöstlichen, von Dänen besiedelten Gegenden die nordische Bezeichnung vapnatac (heute: wapentake) dafür üblich ist. Wäre die Einrichtung der Hundertschaft erst unter fränkischer Einwirkung nachträglich getroffen worden, was an sich schon unwahrscheinlich sei, so würde im ganzen Lande die gleiche Benennung eingeführt worden sein. Aus der Verschiedenheit der Bezeichnung derselben Einrichtung in den englischen und dänischen Bezirken sei die Ursprünglichkeit der Einrichtung bei beiden Bevölkerungsgruppen zu folgern.

Prof. Kornemann (Tübingen) erblickte in der Beurteilung Cäsars durch den Vortragenden einen Fehler, und zwar spreche die bei Cäsar zuerst klar hervortretende Scheidung von Keltisch und Germanisch gegen Rietschels geringschätzige Auffassung. Im übrigen sei es ungerecht, Cäsar und Tacitus persönlich für ihre Angaben verantwortlich zu machen, da doch beide, besonders Tacitus, von der Art ihrer Quellen und der Urteilsfähigkeit und Beobachtung ihrer Gewährsmänner abhängig gewesen seien.

Prof. Heck (Tübingen) stimmte den Ausführungen des Vortrags unter dem Ausdruck des Dankes für den Redner im ganzen zu, lehnte aber die Auffassung ab, daß die Bezeichnung „Hundertschaft" auf die einstige Vereinigung von hundert Familienoberhäuptern hindeute. Gegenüber Oppermann erklärte er, daß eine so weitgehende Beeinflussung des europäischen Nordens durch die römische Kultur, wie sie seine Annahme voraussetze, nicht nachzuweisen sei.

Prof. Meyer von Knonau (Zürich) führte gegen die Anschauung, daß die Hundertschaft allgemein eine alte Einrichtung sei, die Tatsache ins Feld, daß in einem näher bezeichneten Falle im 8. Jahrhundert ein bisher anders benannter Bezirk plötzlich mit dem vorher nicht üblichen Namen Walramshundert belegt werde; daraus sei zum mindesten zu folgern, daß nicht alle später nachweisbaren Hundertschaften ein so hohes Alter besitzen, wie Rietschel annehme.

Prof. Breßlau (Straßburg) bezeichnet die Beseitigung der Tausendschaftstheorie als ein Glück und pflichtete nur der vorgetragenen Ansicht über die großen Gaue nicht bei, die er als fest begrenzte politische Bezirke und nicht nur als geographische Begriffe auffasse. Unbestimmt seien die Grenzen nur überall dort, wo wenige Ortsnamen mit Angabe des Gaues, in dem sie liegen, überliefert seien, und überdies seien viele Gaunamen erst aus verhältnismäßig später Zeit überliefert, in der die Gauverfassung selbst schon durchbrochen gewesen sei. Rückschlüsse aus diesen Zuständen auf frühere seien daher unzulässig.

Nachdem noch Kornemann die Frage aufgeworfen hatte, ob sich nicht etwa nachweisen lasse, daß die Namen der alten kleinen Stämme in den Namen der Gaue fortleben, nahm der Vortragende in seinem Schlußworte zu den verschiedenen Einwänden der Redner im Sinne seiner ersten Ausführungen Stellung. Auf die Einwände der Althistoriker erklärte er, daß er nicht die Beobachtungsgabe oder Wahrheitsliebe Cäsars bezweifelt habe. Aber es komme, wie Kornemann ausführte, auf die Gewährsmänner Cäsars an, und die seien, soweit es sich um Zustände des inneren Germaniens handelte, durchweg unzuverlässig gewesen.

Am 18. April, abends 7 Uhr, fand der erste öffentliche Vortrag statt, und zwar sprach Prof. Dr. Knapp (Straßburg) über die rechtshistorischen Grundlagen des Geldwesens[1].

Der Inhalt hat viele Hörer mit Befremden erfüllt, weil darin die Behauptung aufgestellt wurde, daß das Geldwesen nicht aus dem Münzwesen begriffen werden könne. Danach schien es, als sollten die gründlichen Studien der Münzkenner mit Undank belohnt bleiben. Aber es schien nur so, denn der Vortragende hat aus Gründen, die hier nicht ausführlich dargelegt werden können, das Wort Geld in einem viel engeren Sinne genommen, als es in weiteren Kreisen üblich ist. Er sieht im Gelde nur eine Art von Zahlungsmitteln, nämlich diejenigen, welche nach der Rechtsordnung

---

[1] Der Vortrag ist vollständig abgedruckt im „Jahrbuch für Gesetzgebung, Verwaltung und Volkswirtschaft im Deutschen Reiche", herausgegeben von G. Schmoller, Bd. 30 (1906), S. 927—942.

„proklamatorisch" als so und so viele Werteinheiten (Mark, Gulden, Pfund Sterling) anzunehmen sind; während andre Arten von Zahlungsmitteln, zum Beispiel diejenigen, deren Geltung durch Abwägen der Stücke gefunden wird, für ihn nicht zum Gelde gehören.

Bekanntlich hat die „proklamatorische" Geltung seit 1870 überall Platz gegriffen, während noch im Jahr 1857 in der damaligen „Zollvereinskrone" ein goldenes Stück geschaffen war, dem die proklamatorische ebenso wie jede andre Geltung fehlte: solche Handelsmünzen rechnet der Vortragende nicht zum Geld.

Da hiernach das Geld rein juristische Kennzeichen hat — gleichgültig ob es in Form von Münzen oder von Scheinen vorliege, — so ist es begreiflich, daß unsere Münzkabinette nicht der Ort sind, wo man die Verfassung des Geldwesens studieren kann; dagegen lernt man daselbst allerdings viele Zahlungsmittel kennen, die einer tieferen Stufe der Entwicklung angehören; und auch für Geldstücke im engeren Sinne des Wortes findet man da noch allerlei nebensächliches, während die Hauptsachen darüber doch wohl aus Rechtsquellen zu entnehmen sind.

Dieser völlig juristische Geldbegriff ist deshalb von so großer Wichtigkeit, weil sich alsdann der Gebrauch von uneinlösbarem Papiergeld (wie in Österreich) ohne alle Schwierigkeiten erklärt. Die proklamatorische Geltung kann ebenso leicht gemünzten Stücken, als auch bedruckten Blättern beigelegt werden. Im Innern des Landes werden nur geringe Änderungen entstehen, wenn man vom baren Gelde zum uneinlösbaren Papiergelde übergeht. Die Gefahren einer solchen Entwicklung liegen im Verkehr mit dem Auslande, indem die sog. Wechselkurse alsdann leicht in Unordnung geraten. Dabei ist das bare Geld längst bereits im wesentlichen nur für die Regulierung der Wechselkurse wichtig.

Auch erklärt sich nur aus dem juristischen Geldbegriff, was der Wechselkurs eigentlich ist; ferner wie z. B. in Österreich von 1858—1879 ein Silberagio hat entstehen können; nicht minder wird erst hierdurch deutlich, daß die vielbeschriene Veränderung des Wertverhältnisses der Metalle Gold und Silber in der Hauptsache nur eine Wiederspiegelung von großen Änderungen im Wechselkurse der Gold- und Silberländer war.

Überhaupt werden alle neueren Streitfragen über die Wahl der Währung leicht erledigt, und die Unmöglichkeit des „Weltgeldes" wird sofort erkannt, wenn man sich der juristischen Betrachtung öffnet, wozu das Werk des Vortragenden „Staatliche Theorie des Geldes" (Leipzig 1905) die Anleitung gibt.

Zweite Sitzung.

Am 19. April, Donnerstag, vormittags 9 Uhr, sprach Prof. Meinecke (Freiburg i. B.) über **Deutschland und Preußen im 19. Jahrhundert**[1].

Das Problem der Stellung Preußens zu Deutschland — so führte der Redner aus, — das heute als gelöst gelten kann, erschien den Patrioten des 19. Jahrhunderts als außerordentlich schwierig, weil es kaum möglich schien einen Weg zu finden, auf dem man unter Erhaltung der preußischen Staatsindividualität zu einem politisch geeinten Deutschland gelangen konnte. Dabei ist es noch nicht genügend bekannt, in welchem Maße auch die sogenannten Kleindeutschen das Aufgehen Preußens in Deutschland bis zur Zerstückelung des Hohenzollernstaates befürworteten, wie ja auch der Freiherr vom Stein, von Geburt nicht Altpreuße und überdies Großdeutscher, gar keinen besondern Respekt vor der Staatspersönlichkeit Preußens besaß. Im allgemeinen hegten ja die Liberalen den Wunsch, Preußen müsse liberal werden und dann an die Spitze Deutschlands treten. Demgegenüber fehlte es aber auch nicht an solchen Politikern — und es gehörten dazu die einflußreichsten Vorkämpfer der liberalen Ideen, — die gar nicht wünschten, daß Preußen mit einer Verfassung ein liberaler Staat wurde; sie erblickten nicht mit Unrecht darin eine Schädigung des Einheitsgedankens, der ihnen viel besser gewahrt schien, wenn sich Preußen dem großen deutschen Einheitsparlament völlig unterordnete. Solche Ideen vertraten in Württemberg Paul Pfizer, der zwar ein hohenzollernsches, aber kein preußisches Deutschland wollte, und Friedrich von Gagern, die beide bei ihren Verfassungsvorschlägen von Deutschland ausgingen; ferner im Jahre 1848 selbst J. G. Droysen, Duncker u. a., die Preußen das Opfer zumuteten, auf seine staatliche Einheit zu verzichten. Der Gedanke, der allgemein vorschwebte, war der, Preußen sollte sich in seine Provinzen auflösen, und diese sollten dann in den großen deutschen Staat eintreten, auf ein konstitutionelles preußisches Staatswesen aber sollte endgültig verzichtet werden. Dieser Vorschlag wurde seit Oktober 1848 namentlich auch von Gustav Rümelin vertreten. Ein großer Teil der erbkaiserlichen Partei im Frankfurter Parlament suchte gerade deswegen die Entstehung eines preußischen Sonderparlaments zu verhindern, und der Präsident der Nationalversammlung, Heinrich von Gagern, ist zu diesem Zwecke im Herbst 1838 besonders nach Berlin gefahren. Aber es ist ihm nicht gelungen, das Zustandekommen der oktroyierten Verfassung zu ver-

---

[1] Der Vortrag ist im Druck erschienen in der „Historischen Zeitschrift", 97. Bd. (1906), S. 119—136.

hindern. Gagern berührte sich in diesem Punkte mit König Friedrich Wilhelm IV., der in Preußen auch am liebsten nur Provinzialstände wünschte, aber für Deutschland zu größeren liberalen Zugeständnissen bereit war. Auch Bismarck war 1849 noch der Ansicht, daß zwei Parlamente nebeneinander, ein deutsches und ein preußisches, nicht gut denkbar seien. Später hat er seine Meinung geändert und die jetzige Verfassung geschaffen, kraft deren es zwei Parlamente in Berlin gibt und daneben eine rein föderalistische Vertretung der einzelnen Bundesstaaten. Warum aber ist auf diese einfache Lösung niemand in den Jahren 1848—49 gekommen? Dies lag an zwei Vorurteilen der Liberalen. Sie standen auf dem Boden des strengen Parlamentarismus und hielten demnach ein Nebeneinander zweier großer parlamentarisch regierter Staatswesen für unmöglich, und sie fürchteten zweitens durch die Bildung eines Bundesrats nur den alten verhaßten Bundestag in neuer Gestalt aufleben zu sehen. Der Vortragende bezeichnete die beiden Vorurteile als das parlamentarische und das unitarische und wies nach, daß sie durch Bismarck gebrochen werden mußten, um die Schöpfung eines Bundesstaats mit der Erhaltung der preußischen Staatspersönlichkeit in ihm vereinigen zu können. Ganz ohne Reibungen ist aber auch dieser Zustand nicht möglich. Die Spannung zwischen Altpreußen und dem übrigen Deutschland wird sich erst dann lösen, wenn die Reichsgewalt ihre Machtinteressen dem Bürgertum und der Industriebevölkerung wird anvertrauen können.

Die Erörterung eröffnete Oberstudienrat Egelhaaf (Stuttgart) mit der Bemerkung, daß ihm der Widerspruch zwischen Bismarcks Stellung 1848 und 1866 erst durch den Vortrag erklärlich erscheine. Er habe bisher gemeint, Bismarck hätten vor allem das suspensive Veto und das allgemeine Wahlrecht von der Zustimmung zum Frankfurter Verfassungsentwurf abgehalten. Jetzt sähe er ein, daß Bismarck, wenn die Auflösung Preußens in einzelne Teile durch die Anerkennung der Verfassung unvermeidlich war, tatsächlich eine andre Haltung gar nicht einnehmen konnte.

Prof. Jacob (Tübingen) knüpfte an die Schlußworte des Redners an und hob namentlich hervor, in wie bedeutsamer Weise der Vortragende die weite Kreise unserer Generation, namentlich der Jugend, erfüllenden politischen Gedankenreihen, die sich an den Namen von Friedrich Naumann anschließen, zu den nationalen Verfassungsproblemen und den Wechselbeziehungen zwischen Preußen und Deutschland in der Epoche der Einheitskämpfe gesetzt habe. Schließlich richtete er ihn die Frage, wer nach seiner Ansicht die eigentlich treibenden Männer im preußischen Ministerium gewesen seien, die auf das Zustandekommen der Verfassungsoktroyierung hingewirkt hätten.

General v. Pfister (Stuttgart) verglich den deutschen mit dem amerikanischen Bundesstaat und zeigte die gewaltigen Unterschiede, die zu betrachten sind; in ihnen glaubt er auch den tieferen Grund dafür erblicken zu müssen, daß die deutschen Verhältnisse, namentlich das Aufgehen Deutschlands in der deutschen Allgemeinheit, dem Ausland so unverständlich seien, wie die tägliche Beobachtung lehre.

Prof. Kaufmann (Breslau) warf die Frage auf, in welchen Kreisen man sich wohl in der Zeit von 1830 bis 1848 mit der Möglichkeit beschäftigt habe, Preußen im Reich zu erhalten, oder mit der andern, einen deutschen Bundesstaat ohne Preußen zu gründen. Bezüglich des Zwecks, den Gagern mit seiner Reise nach Berlin verfolgte, glaubte Redner zunächst noch Zweifel gegenüber der vom Vortragenden vertretenden Ansicht hegen zu sollen.

Prof. Busch (Tübingen) erzählte, daß Württemberger, wie Rümelin, durch die persönliche Berührung mit den preußischen Abgeordneten in Frankfurt für Preußen gewonnen wurden, und wies auf die eigene Stellung des Prinzen und Königs Wilhelm zu den berührten Problemen hin, auf dessen sofortigen Widerspruch gegen den Gedanken von Preußens Aufgehen in Deutschland, und daß zum Teil auch aus dieser Auffassung sein Widerstand gegen die von Bismarck ihm in Versailles aufgenötigte Kaiserkorne zu suchen sei.

In seinem Schlußwort begründete Prof. Meinecke nochmals seine Auffassung von der Stellung Gagerns zu einer preußischen Verfassung, glaubte Ladenberg, Rinteln und den Grafen Brandenburg als die eigentlichen Schöpfer der oktroyierten Verfassung bezeichnen zu müssen bemerkte aber, daß auch katholische Einflüsse zu beobachten seien, die sich noch in einigen Paragraphen der heutigen preußischen Verfassung zeigten. Übrigens sei aber Brandenburg durchaus für eine Einigung mit den Frankfurtern gewesen.

Nach einer Pause nahm Prof. Oswald Redlich (Wien) zu seinem Vortrage über Historisch=geographische Probleme[1] das Wort.

Der Redner führte etwa folgendes aus:

Die geographische Wissenschaft hat im Laufe der letzten zwei Dezennien, namentlich seit dem Wirken Friedrich Ratzels, den

---

[1] Der Vortrag ist vollständig im Druck erschienen, und zwar in den „Mitteilungen des Instituts für österreichische Geschichtsforschung", 27. Bd. (1906), S. 545—559. Ergänzt werden diese Ausführungen durch die Verhandlungen bei Gelegenheit der Jahresversammlung des Gesamtvereins der deutschen Geschichts= und Altertumsvereine Septbr. 1906 in Wien. Vergleiche „Deutsche Geschichtsblätter", 8. Bd., S. 52.

Begriff der historischen Geographie im tieferen Sinne einer wissenschaftlichen Länderkunde der Vergangenheit aufzufassen gelernt. Die Geographen sind im wesentlichen darüber einig, daß die historische Geographie zu zeigen habe, wie das Natur- und Kulturbild eines Landes in gegenseitiger Wechselwirkung von Natur und Mensch gewesen und geworden ist. Eine Reihe von Werken über historische Geographie, von Geographen geschrieben, suchte gerade in den letzten Jahren dieses Ziel zu erreichen (Knüll, Wimmer, Kretschmer, Götz).

Auf Seite der Historiker hat man mit dieser Vertiefung der Auffassung keineswegs gleichen Schritt gehalten. Unsere historischen Kreise sind noch immer allzusehr in der Anschauung befangen, daß die historische Geographie sich erschöpfe in der historischen Topographie. Gewiß ist diese ein wichtiger, ein vielfach grundlegender Teil der historischen Geographie, aber doch nur ein Teil. Den Historiker erwarten noch ganz andere Aufgaben auf diesem Gebiete; sie werden gestellt von der historischen Landschaftskunde und der historischen Anthropogeographie. Die Geschichte der natürlichen Veränderungen der Erdoberfläche, der Wandlungen der Pflanzen- und Tierwelt, z. B. die Geschichte des Waldes, die Geschichte der menschlichen Besiedelung, der Wechselwirkung von Mensch und Natur, all das muß ganz überwiegend auf Grund schriftlicher Überlieferung, also mit den Mitteln historischer Methode erforscht werden. Die Lösung dieser Aufgaben historischer Geographie erfordert geographisch gebildete Historiker oder historisch geschulte Geographen.

Der Vortragende verfolgte nun an einigen konkreten Fällen, wie bedeutsam das Zusammenwirken historischer und geographischer Forschung und Betrachtungsweise werden kann, gerade auch für die Vertiefung geschichtlicher Erkenntnis.

So zeigte die Arbeit R. Gradmanns über „Das mitteleuropäische Landschaftsbild", daß die Natur selbst, nicht Kelten oder Germanen neben den für sie unkultivierbaren Urwaldgebieten jene offenen kulturfähigen Landstrecken geschaffen hat, welche den Völkergeschieben Weg und Wohnsitze vorgezeichnet haben. Erst in nachrömischer Zeit ist von den Deutschen in mehrhundertjähriger Arbeit dieser ursprüngliche scharfe Dualismus des Landschafts- und Kulturbildes beseitigt worden. Eine andere Untersuchung Gradmanns suchte die eigentümliche Verbreitung des Spelt oder Dinkel durch den Zusammenhang mit dem Alamannenstamme und seiner Siedelung zu deuten, und jedenfalls ist ihm gelungen wenigstens das darzutun, daß zur Erklärung dieser rein geographischen Tatsache auf historischem Wege die Lösung gesucht werden muß.

Ein höchst lehrreiches Beispiel bietet die Frage der Klimaschwankungen. Seit Brückner ist die Existenz von periodischen Schwankungen des Klimas um eine Mittellage für das 18. und

19. Jahrhundert erwiesen. Lassen sie sich nicht weiter zurückverfolgen? Gewiß, aber hier muß der Historiker eingreifen. Die Quellen bergen eine Fülle von Material, denn die Klimaschwankungen finden ja ihren handgreiflichen Ausdruck in strengen Wintern, starkem Regen, Überschwemmungen, andererseits in heißen Sommern, Wasserarmut von Flüssen und Seen, dann in den Folgeerscheinungen, schlechten oder guten Ernten, Dürre, Mißwachs, Hungersnot, Seuchen. Die Nachrichten über all diese Dinge müssen kritisch gesammelt und gesichtet werden, wir gelangen so überhaupt zur Forderung einer allgemeinen und kritischen Sammlung der Nachrichten über Elementarereignisse und physisch geographische Verhältnisse der Vergangenheit. Ansätze dazu sind von wirtschaftsgeschichtlicher Seite gemacht worden (Lamprecht, Curschmann). Aber hierbei müssen eben auch die geographischen Gesichtspunkte beachtet werden. Dann gewinnen wir oft erst den rechten Einblick in die weitgreifenden und höchst wichtigen Zusammenhänge.

Der enge Konnex von kalten und feuchten Perioden mit schlimmen Mißernten im westlichen Europa, mit der Hungersnot und der Auswanderung in Irland ist für das 19. Jahrhundert erwiesen. Unter solchen Gesichtspunkten werden auch die oft wiederkehrenden Hungersnöte, Seuchen und wirtschaftlichen Katastrophen früherer Zeiten aus dem Bereich des Zufalls in allgemeine natürliche Zusammenhänge gerückt.

Es wird Sache ernster und gewissenhafter Forschung sein, zu untersuchen, ob und inwieweit etwa auch andere Erscheinungen mit klimatischen periodischen Schwankungen zusammenfallen, so Wanderzüge, Kolonisationen, Epidemien, Ab- und Zunahme der Geburten. Merkwürdige Beobachtungen regen zur Forschung an. Auch dem Vortragenden galt es vor allem, Anregungen zu geben und auf eine Fülle neuer Arbeiten und Probleme hinzuweisen, wenn er auch nachdrücklich betonen muß, daß vorerst nur mit streng wissenschaftlicher Skepsis an sie herangetreten werden darf.

Die Erörterung eröffnete Prof. A. Cartellieri (Jena), der in den Ausführungen des Vortragenden die niederen topographischen und die höheren geographischen Aufgaben unterschieden wissen wollte. Betreffs jener sei noch unendlich viel zu tun, schon bei der Feststellung von Ortsnamen, namentlich sobald es sich um außerdeutsche Geschichte handle. Daraus sei den Fachgenossen im allgemeinen um so weniger ein Vorwurf zu machen als tatsächlich in vielen Bibliotheken die topographischen Nachschlagewerke nicht zu finden seien (z. B. Repetti für Toskana). Zur Lösung der höheren geographischen Aufgaben sei eine umfassende Sammlung der auf Naturereignisse bezüglichen Notizen, mindestens im Umkreis der romanisch-germanischen Völker, notwendig, und für die Veröffentlichung solcher vorläufigen Zusammenstellungen kämen zunächst die Zeitschriften in Betracht.

Prof. Lamprecht (Leipzig) erläuterte als langjähriger vertrauter Freund Ratzels vor allem dessen geographisch-historische Anschauungen und betonte gegenüber Cartellieri in sachlicher Anerkennung seiner Forderung, daß sie sich nicht in so einfacher Art durch Zusammenwirken vieler erreichen lasse, denn es handle sich, wie schon Curschmanns Arbeit gezeigt habe, dabei um eine **quellenkritische** Arbeit, die für ein bestimmtes Gebiet immer nur **einer** ausführen könne. Hinsichtlich der höheren, geographischen Probleme seien die geographische und die historische Betrachtungsweise grundsätzlich auseinander zu halten, denn der Geograph gehe immer vom Boden aus und betrachte ihn als Ursache gewisser Erscheinungen, der Historiker dagegen vom Menschen und frage, wie letzterer auf den Boden eingewirkt habe. Deshalb beschäftigen den Geographen bei seinen geschichtlichen Studien vor allem die Veränderungen in der physikalischen Gestalt der Erde und deren Ursachen, während der Historiker bei seinen geographischen Untersuchungen im wesentlichen immer nach den Umgestaltungen forsche, die der Mensch auf dem Boden herbeigeführt habe. Notwendig sei für solche Arbeiten zunächst eine vollständige Materialbeschaffung, ohne die gar nicht auszukommen sei. Im Grunde aber sei alle historische Geographie nichts weiter als die besondere Anwendung der vergleichenden geschichtlichen Methode, und in dieser Hinsicht sei unendlich viel zu lernen, wenn die modernen Zustände bei uns und in andern Ländern gut beobachtet und aus diesen Beobachtungen die Nutzanwendungen gezogen würden.

Prof. Rietschel (Tübingen) betonte gegenüber Lamprecht, daß die von ihm vorgetragene Unterscheidung zwischen den mehr geographischen und den mehr geschichtlichen Problemen in der wissenschaftlichen Arbeit der Praxis sich kaum durchführen lassen und bekämpfte dessen vergleichende Methode, die ohne weiteres die allerfernsten Gebiete, wie Japan oder die amerikanischen Städte, zur Vergleichung heranziehe.

Nachdem noch Privatdozent Curschmann (Greifswald) über die Art und Weise, wie Nachrichten über Naturereignisse gesammelt werden können, gesprochen und dabei vor dilettantisch unkritischem Zusammentragen gewarnt und Prof. v. Below (Freiburg) darauf hingewiesen hatte, daß die Anschauungen von Gradmann über den Dinkel bei den Alamannen von Hoops in seinem Buche über die Waldbäume und Kulturpflanzen im germanischen Altertum (1905) zurückgewiesen worden seien, erläuterte Prof. Cartellieri seinen Vorschlag nochmals kurz und verwahrte sich sowohl dagegen, daß er eine unkritische Materialsammlung befürworte, als auch gegen Verallgemeinerungen auf Grund unzureichenden Materials. Aber so wichtig die Bearbeitung von Nachrichten über Naturereignisse der Vergangenheit sei, die nächste Aufgabe bleibe es doch, daß die Forschung erst einmal auf die vielen einschlägigen Stellen in den Quellen hingewiesen werde. Da jedem einzelnen Forscher im Vorbeigehen solche Nachrichten aufstießen, so sei es auf jeden Fall für die Weiterarbeit recht wertvoll, daß er öffentlich auf diese gelegentlichen Funde kurz hinweise, wenn auch die kritische Bearbeitung anderen überlassen werden könne.

Prof. Redlich dankte im Schlußwort für die gegebenen Anregungen, betonte aber, daß er absichtlich theoretische Erörterungen über die Beziehungen von Geographie und Geschichte zueinander und über das Wesen der historischen Geographie beiseite gelassen habe, um lieber an einigen konkreten Beispielen zu zeigen, wie wichtig es sei, daß organisch zusammengearbeitet würde.

Abends 7 Uhr fand im Großen Saale des Museums der zweite öffentliche Vortrag statt, und zwar sprach Oberstudienrat Dr. Egelhaaf (Stuttgart) über England und Europa vor hundert Jahren[1].

Die Stimmung auf dem Festlande gegenüber England hat — so führte der Redner etwa aus — bedeutende Wandlungen erfahren. Um 1750 erblickten die gebildeten Kreise, die ihr Wissen von England namentlich aus Montesquieu schöpften, in England das Land der Freiheit und verlangten von jedem vernünftig organisierten Staat, daß er die dortige Staatsverfassung nachahmen müsse. Diese Begeisterung für Englands freiheitliche Entwicklung kommt noch in Schillers Gedicht „Die unüberwindliche Flotte" zu lebhaftem Ausdruck. Aber um diese Zeit war schon eine Wandlung der Gesinnung angebahnt, und zwar war daran der Kampf Englands gegen die amerikanischen Kolonien schuld, gelegentlich dessen die englische Flotte eine strenge Seepolizei ausübte und unbekümmert um die Interessen der Neutralen deren Schiffe und Waren beschlagnahmte. Frankreich stand an der Spitze der Gegner, und unter seiner Führung vereinigten sich die meisten europäischen Staaten, darunter auch Preußen, seit 1778 zu der „bewaffneten Liga der Neutralen", die zuerst gewisse Grundsätze des Seerechts aufstellte. Holland als der gefährlichste Staat zur See wurde deswegen von England bekriegt. Aber eine neue Wendung brachte dann die französische Revolution, deren eifrigste Bekämpfer gerade die „freiheitlichen" Engländer waren. Natürlich waren zunächst die Sympathien des außerfranzösischen Festlands doch nicht auf englischer Seite, und dies um so weniger,

---

[1] Der Vortrag ist vollständig erschienen in der „Deutschen Rundschau", Dezember 1906.

als das Inselvolk gegen die neutralen Staaten überaus brutal verfuhr, „das Weltmeer knechten wollte". Auch Schiller urteilte jetzt anders, wie seine Äußerung bei der Begrüßung des neuen Jahrhunderts beweist. Erzherzog Karl hoffte gerade unter diesen Verhältnissen eine gegenseitige Zerfleischung der beiden alten Gegner, Frankreich und England, zugunsten Europas. Aber diese Stimmung wandelte sich, je mehr Deutschland unter der Herrsucht Frankreichs litt, je höher Napoleon stieg und seine Gewaltpolitik alle Gegner in die Arme Englands trieb. Nelson, der Zerstörer der französischen Flotte, wurde der gefeierte Held. Und als dann gar Wellington in Spanien und nachher bei Waterloo die Franzosen besiegte, da galt England wieder als der ungebrochene Fels, an dem die Macht der Tyrannei zerschellt war.

Dritte Sitzung.

Am 20. April, Freitag, vormittags 9 Uhr, sprach Privatdozent Dr. L. M. Hartmann (Wien) über die wirtschaftliche Entwicklung Italiens im früheren Mittelalter.

Der Redner führte etwa folgendes aus.

Bei der Darstellung der wirtschaftlichen Entwicklung eines Landes muß man die konstanten Elemente, einerseits die geographische Lage, anderseits die horizontale uud vertikale Gliederung des Landes, Klima usw. allerdings als gegeben betrachten; jene wird aber erst durch das, was vom wirtschaftsgeschichtlichen Standpunkte aus Zufall ist, die internationalen Beziehungen und den daraus sich ergebenden Verkehr — diese durch die bodenständige oder nicht bodenständige Bevölkerung und deren Organisation, deren Verhältnis zur Natur, d. h. durch ihre Arbeit, historisch wirksam. — Dazu kommen bei der Behandlung bestimmter Zeitabschnitte relativ konstante Elemente und zwar im gegebenen Falle die Grundherrschaft als Basis der mittelalterlichen Wirtschaft überhaupt und für Italien die durch die Städte, deren steinerne Mauern und steinerne Häuser bedingte Siedelung. Die Grundwirtschaft des italienischen Mittelalters ist die Tochter der römischen Grundherrschaft mit ihrem Colonate, sie beruht auf dem Gegensatze von Eigenwirtschaft und Großpacht, und die Form der Großpacht ist die unter dem Einflusse der Kirchenschutzgesetze entstandene Emphyleuse auf drei Generationen, die später auch precaria genannt wird, während die benefiziarische precaria aus dem ususfructus entstanden ist. Die Stadt ist eigentlich der Grundherrschaft entgegengesetzt; aber es erhält sich trotz vorwiegend naturalwirtschaftlicher Zeiten infolge des durch den Schutz der Mauern begünstigten Zusammenwohnens der Menschen an manchen Orten Markt und Gewerbe mit seinen überkommenen Organisationen, den Zünften, wenn auch eingeengt durch die Grundherrschaft, und vielfach die städtische Siedelung. — Die Bevölkerung war seit Jahrhunderten an Zahl zurückgegangen; einen besonderen Abschnitt in dieser Bewegung bedeutet für Italien der 20jährige verheerende Gothenkrieg, in welchem u. a. kaum eine ansehnliche Stadt unzerstört blieb. Selbstverständlich steigerte sich das Bevölkerungsmanko des römischen Reiches noch in seinem Zentrum Italien, und Italien war in bezug auf Produktion und Bevölkerung ein passives Land.

Infolge der äußeren Verhältnisse muß die Entwicklung des römisch-byzantinischen von der des langobardischen Italien geschieden werden. Da die römische Bevölkerung für den Nährstand und zugleich für den Wehrstand nicht ausreichte, mußte sie sich gegen die Langobarden auf die Defensive und zwar nur in einem Teile Italiens beschränken. Den alten limites an den Grenzen entsprechend entstanden nun die neuen inneren Marken mit ihrer Miliz, ihren castella und numeri, ihren tribuni; im Kampfe ums Dasein hielten sich nur diejenigen Gebietsteile, welche eine Abwehrorganisation schufen. Die murorum vigiliae waren Pflicht. Soldaten wurden auf den Grundherrschaften, namentlich auch den kirchlichen angesiedelt und mußten hier ein solaticum entrichten. Vielleicht infolge des Bevölkerungsrückganges waren die Grundherren vielfach genötigt die fehlenden Kolonen durch vertragsmäßig angesiedelte Freie, die libellarii, zu ersetzen. Eine allgemeine Erscheinung ist die Lokalisierung des Militärwesens und die Militarisierung des Grundbesitzes. Im Zusammenhange damit steht das stärkere Hervortreten der Naturalwirtschaft oder vielmehr der Rückgang der städtischen Wirtschaft. Die lokalen Gewalten — insbesondere auch die römische Kirche als größte Grundbesitzerin und Vermittlerin — treten immer mehr hervor als die Erben der staatlichen Aufgaben. Die Kirchen überhaupt erscheinen schon als privilegiert z. B. durch die Exemption von den sordida munera, vielleicht durch die ihnen gewährte indirekte Steuereinhebung; wenn das Privileg des Konstantinus Pogonatus für Ravenna echt ist, daß es verboten sei, die Hintersassen der Kirche ad publicam functionem aut districtionem adducere, so war die Entwicklung schon weit vorgeschritten. Es bereitet sich eine neue Ständebildung vor: die milites in Comacchio sind die freie Bevölkerung überhaupt, die tribuni in Venedig u. a. O. die Grundherren; die Kirchen stehen in gleicher Organisation daneben: in Ravenna bildet die Kirche einen eignen „bandus", in Rom sucht sie sich u. a. durch die Organisation der Eigenwirtschaft in den domuscultae den von den weltlichen Grundherren drohenden Gefahren zu entziehen. Der soziale Inhalt der großen italienischen Revolution vom Anfange des 8. Jahrhunderts ist die Durchführung der Erblichkeit der Tribunen, sein politischer Ausdruck das Auseinanderfallen des römischen Italien in suzeräne Gebiete, z. B. Neapel, Gaëta, Amalfi, Sorrent, die Stadt Rom und die römischen Kastelle, auch Comacchio, Venedig, Ravenna. Wenn auch die Versuche des Papsttums zur Durchführung einer einheitlichen Administration auf dem Gebiete des römischen Dukates zum Teil erfolgreich sind, so gelingt doch nicht die Zusammenfassung der lokalen Gewalten von ganz Italien. Daraus erwächst die dauernde Zersplitterung Italens auf römischer Seite und zum Zwecke der Abwehr der Langobarden die Notwendigkeit der fremden Einmischung.

Die Entwicklung des langobardischen Italien ging in gewissem Sinne von denselben Voraussetzungen aus. Waren doch die Langobarden, als sie in Italien eindrangen, ein Volk ohne Steinbau, ohne Handwerk, vielleicht schon in ihren früheren Sitzen eine Kriegerkaste und grundherrlich organisiert, jedenfalls mehr Viehzüchter als Ackerbauer. Sie kamen als Feinde, betrachteten sich als den Wehrstand, die Unterworfenen als den Nährstand, übernahmen eben deshalb wesentliche Reste des Römertums, vor allem die Organisation der Grundherrschaft, wenn sie sich auch selbst an die Stelle der alten römischen Grundherren setzten; ferner den städtischen Mittelpunkt für die Siedelung mit seinen zinsenden, jetzt wohl halbfreien Handwerkern, wie wir aus einer Urkunde für Piacenza erschließen können; auch die naturalwirtschaftlichen munera; nichtsdestoweniger wird natürlich ein Rückgang der Produktion zu verzeichnen sein; es gibt keine „langobardische Kunst". Anderseits verändert sich unter ihrer Herrschaft wie die römische Kunst, so manche wirtschaftliche Einrichtung. Sie betrachten die römischen coloni als halbfreie Aldien und jene werden dadurch zu Halbfreien. Sie kennen den liber homo in terra aliena residens libellario nomine, aber zugleich die Haftung des Herren für ihn, quamvis liber sit. Da sie keine Verjährung der Freiheit kennen, kann offenbar im longobardischen Rechtsgebiete der Libellarkontrakt auch auf unbegrenzte Dauer abgeschlossen werden. Dabei muß ein Unterschied gemacht werden zwischen ununterbrochen besiedeltem, römisch ausgemessenem Lande, auf welchem sich Aldien als Nachfolger der Kolonen finden, und Rodland, wie z. B. Bobbio, das nur von Libellariern und unfreien massarii bebaut wird. Schließlich wird die langobardische Organisation selbst durch die Ansiedelung verändert; der Sippenverband wird zersetzt; städtisches Leben und höhere Bedürfnisse stellen sich ein. Bei der Ansiedelung ist der Langobarde zugleich notwendig arimannus (exercitalis) und Grundbesitzer. Es entwickelt sich aber eine Klasse von landlosen Freien durch Verarmung und Freilassung. Die Klassen werden dann nach dem Vermögen, nicht mehr nach der Nationalität geschieden: minimi homines, qui nec casas nec terras suas habent; qui non habent casas massaricias et habent 40 iugis terrae; qui habet 7 casas massaricias. Dazu kommen dann noch die negotiatores, die nach ihrem beweglichen Vermögen in die Klassen, die zugleich Abstufungen des Militärdienstes bedeuten, eingereiht werden. Die staatliche Organisation aber wird durch das aus der Not geborene Königtum geschaffen, dem herzoglicher Besitz abgetreten wird, dem die neuen Eroberungen direkt zufallen und das sich so eine Hausmacht schafft. Diese dient zum Teil zur Befriedigung der in einem besonderen Treueverhältnis zum Königtum stehenden Gasinden, die ex dono regio besitzen. Jene Klassenbewegung fördert die Entstehung eines Amtsadels als Grundlage der Erstarkung des Königtums. Die Erschöpfung des königlichen Besitzes nötigt zur periodischen Expansion. Daraus erklärt sich die Wiederaufnahme der Eroberungspolitik unter Liutprand nach dem durch den Frieden von 680 bewirkten Stillstande. Es ist dies übrigens eine allgemeine Erscheinung des naturalwirtschaftlichen, auf der Hausmacht beruhenden mittelalterlichen Staates. Ebenso erklärt sich der Zerfall des Staates beim Wegfalle des Königtums. —

Die Möglichkeit wirtschaftlicher Wechselbeziehung zwischen dem römischen und dem langobardischen Italien war erst mit dem Frieden gegeben. Man bemerkt das Eindringen römischer, die Entstehung langobardischer negotiatores, eine Wandlung in der langobardischen Kunst und Kultur. Neapel und Venedig verkehren vertragsmäßig mit ihrem Hinterlande, Comacchio organisiert den Pohandel. Handel und Märkte werden gemäß dem Marktregale des Königs geregelt. Salz und Luxusgegenstände werden eingeführt. Die städtischen negotiatores lösen sich allmählich vom Eigenbetriebe der Landwirtschaft, die Geldwirtschaft gewinnt Raum. —

Dazu kommt in der zweiten Hälfte des 8. Jahrhunderts der fränkische Einfluß; er wirkt im römischen Italien im wesentlichen negativ durch völlige Beseitigung des byzantinischen, durch vollständige Befreiung der lokalen Gewalten im Kirchenstaate, deren Auseinanderfallen verhindert, wie die Erhaltung der päpstlichen Macht nur ermöglicht wird durch die stoßweisen fränkischen Interventionen. — Direkter ist die fränkische Einwirkung im langobardischen Italien seit Karl d. Gr. schon in bezug auf die Besitzverteilung: Konfiskationen und Schaffung einer fränkischen Hausmacht; Schenkungen an fränkische Klöster, namentlich an den Pässen; Einsetzung fränkischer Bischöfe, Grafen und Äbte. In dieser Richtung wirkte der königliche Hof in Pavia schon unter Pippin, dem Sohne Karls. Bedeutsam war Lothars Verweisung nach Italien., dem seine Anhänger folgten, die durch Benefizien versorgt werden mußten. Man unterscheidet bei Klosterbesitz portionem quam consuetudo fuit in beneficio dandi de parte regia und den für den usus fratrum bestimmten Besitz; wirtschaft=

lich ist es der alte Gegensatz zwischen Großpacht und Eigenwirtschaft. Aber auch die wichtigsten Elemente des Feudalwesens waren im langobardischen Reiche schon vorgebildet: man denke an die den vassi analogen gasindi und die Kommendation; den Zusammenhang der vom Könige abhängigen duces und gastaldi mit dem Grundbesitze; an alles, was bei den Langobarden einerseits servitium, anderseits donum regis heißt; an die Klöster in defensione sacri palatii und ihre Befreiung von munera als Vorläuferin der Immunität. Urkunden von M^{te} Amiata und Lucca seit dem Beginne des 9. Jahrhunderts zeigen schon die gerichtliche Vertretung der Libellarier durch die Grundherren. Der Übergang von den langobardischen zu den fränkischen Formen war leicht. Schon ein Capitulare von 781 spricht von den vassi und seniores in Italien und regelt ihr Verhältnis; da kann es sich nicht um plötzliche Neubildungen, sondern nur um Anwendung fränkischer Terminologie auf ältere Verhältnisse handeln. Man vgl. auch das Capit. Pap. von 787 c. 13: de illos liberos Langobardos ut licentiam habeant se commendandi ubi voluerint, si commendatus non est, sicut a tempore Longobardorum fecerunt, in tantum ut suo comiti faciat rationabiliter quod debet.

Wo aber die fränkische Herrschaft unmittelbar der byzantinischen folgte, in einem Teile von Istrien, da sind durch die Tribunatsverwaltung Abhängigkeitsverhältnisse ausgebildet, die der fränkische dux wohl anerkennen muß, allerdings indem er sich selbst als senior über alle tribuni durchzusetzen sucht. —

Die Entwicklung der internationalen Handelsbeziehungen zu Wasser und zu Lande steigert auch das wirtschaftliche Leben Italiens. Die Wege der Pilger führen über die westlichen Alpenpässe, Pavia und die Pobrücke durch Tuscien nach Rom. Die östlichen Alpenpässe führen schließlich nach Venedig, das die internationale Vermittlung zuerst nur mit den adriatischen Städten, nach der Überwindung der Konkurrenz Comacchios mit ganz Oberitalien herstellt. Hier ist die große Verkehrsader der Po mit seinen Nebenflüssen bis nach Pavia hinauf. Besonders deutlich sieht man an dem Beispiele von Cremona, wie die Postädte zuerst nur Passivhandel betreiben, dann sich an dem Handel der Seestädte beteiligen, bis sie den Binnenhandel selbständig in die Hand nehmen. Aber all diese wirtschaftlichen Anregungen können nach Lage der Dinge wiederum nur den lokalen Gewalten zugute kommen, deren Macht und Selbständigkeit und damit auch die Zersplitterung Italiens steigern, aus der wiederum seine Wehrlosigkeit und die periodisch wiederkehrende Notwendigkeit fremder Intervention hervorgeht.

In der Erörterung bezweifelte Prof. v. Below (Freiburg), daß ein Zusammenhang zwischen den antiken und mittelalterlichen Zünften bestehe.

Prof. Lamprecht (Leipzig) stellte an den Vortragenden die Frage, ob er Aufschluß geben könne über die Anlage der italienischen Städte, namentlich derjenigen, die wie S. Geminiano auf dem Berge stehen; worauf Prof. Jung (Prag) eine Aufklärung über die zuletzt genannte Stadt gab.

Prof. Kornemann (Tübingen) wies im allgemeinen auf den Nutzen hin, den ein Zusammenwirken der Forschung über Altertum und Mittelalter gewährt, glaubte aber eine materielle Parallel= entwicklung der italischen und deutschen Städte ablehnen zu sollen.

Hartmann erklärte in seinem Schlußwort, daß ein Analogie= schluß von den deutschen auf die Zünfte in Rom und Ravenna kaum zulässig sei, da die römischen Korporationen, die sich nach seinem Dafürhalten erhalten hätten und die man gewohnheitsgemäß auch als „Zünfte" bezeichne, in der Tat auch im Mittelalter etwas ganz anderes gewesen seien als die deutschen Zünfte. Die von Lamprecht berührte Frage erklärte er, in dieser Allgemeinheit nicht beantworten zu können. Zur Siedelung auf den Bergen habe zweifellos die Sicherheit getrieben, aber bei manchen modernen Städten lasse sich auch ihr Ursprung aus römischen Lagern er= kennen. Die alten Bevölkerungsbestände nachweisen und die Rassen= mischung im einzelnen verfolgen zu wollen, sei ein vergebliches Be= mühen.

Anschließend machte Dr. Hans F. Helmolt (Leipzig) nähere Mitteilungen über den in der Vaterstadt Rankes, in Wiehe, ge= gründeten Leopold von Ranke=Verein und das in der Ent= stehung begriffene Rankemuseum und forderte zur Förderung des Unternehmens durch Beitritt zu dem Vereine auf. Ein Besuch von Wiehe werde übrigens außer durch die Rankeerinnerungen belohnt durch die entzückenden landschaftlichen Reize der Goldenen Aue. Vgl. Anhang III, S. 55—56.

Nach einer Pause hielt 11½ Uhr Prof. Bloch (Rostock) seinen Vortrag über Karl den Großen. Er führte etwa das folgende aus:

Die anderthalb Jahrtausende, welche die Gegenwart von dem Zerfall des römischen Weltreiches trennen, sind in Europa bestimmt durch die Entwicklung der romanisch-germanischen Völker. Sie hatten das römische Kaisertum des Westens zerstört; aber sie sind von der Kultur des Altertums ergriffen worden und haben sich in einer Arbeit, die von den Tagen der Völkerwanderung bis in das

18. Jahrhundert fortdauert, ihrer bemächtigt. Daß sie zu der Aufgabe fähig wurden, einer neueren Zeit das Kulturerbe der Vergangenheit zu übermitteln, danken sie Karl d. Gr., der die germanischen Völker des Festlandes politisch mit starker Hand zusammenfaßte und in dem geeinten Gebiete der christlich-germanischen Bildung eine Stätte bereitete. Mit Karl d. Gr. ist die erste Stufe in der Geschichte des Mittelalters erreicht; er hat als der erste die politischen und geistigen Kräfte Westeuropas zusammengeschlossen und in bewußter Erinnerung an den christlich-römischen Weltstaat des 4. und 5. Jahrhunderts die Germanen zu der Bildung jener Zeit zu erheben gesucht.

Die Geschichtswissenschaft in allen ihren Zweigen hat in den letzten beiden Jahrzehnten mit steigendem Erfolge den Charakter der frühen Jahrhunderte des Mittelalters als einer Übergangsepoche begreifen gelehrt. Die byzantinischen Studien und die Erforschung des Orients haben die Aufmerksamkeit auf die Quellen der antiken Kultur gelenkt, die von Osten herüber dauernd auf den Westen Europas gewirkt haben. Die Geschichte Italiens und des Papsttums zeigt, wie unmittelbar Altertum und Mittelalter zusammenhängen.

Im Frankenreich selbst tragen die Ordnungen des Rechts und der Verwaltung die Spuren der Vermischung von germanischen mit römischen Elementen; sie zu scheiden, haben die Rechtshistoriker begonnen, und sie führen uns zu dem gemeinsamen Rechtsgut und den gemeinsamen Rechtsanschauungen der Germanen zurück. Die wirtschaftsgeschichtlichen Quellen, die wir jetzt zu werten gelernt haben, helfen unsre Erkenntnis zu vertiefen. Hier harrt allerdings noch notwendige Arbeit der Ausführung; so ist die würdige Ausgabe der Traditionen von Kloster Lorsch nachgerade eine wahre Ehrenpflicht geworden. Die ständerechtlichen Probleme, die Forschungen über den Ursprung des Lehnswesens, über die Siedelungen, über die Anfänge städtischer und ländlicher Entwickelung haben unsern Blick geschärft; vor allem haben wir gelernt, daß wir die Fortwirkung der römischen Kultur nicht in der Verfassung, sondern in den Wirtschaftsverhältnissen des frühen Mittalters zu suchen haben.

Die Brücke von der griechisch-römischen zu der germanisch-christlichen Welt ist durch die Kirche geschlagen worden. Nicht nur für das geistige, sondern auch für das wirtschaftliche Leben war sie die Trägerin der Tradition. Aber auch sie hat sich aus der römischen Staatskirche des 4. Jahrhunderts zu dem mittelalterlichen Papsttum Gregors I. und Nikolaus' I. gewandelt; durch die germanische „Eigenkirche" ist ihr Recht selbst umgestaltet worden. Andererseits fangen wir erst an, zu erschließen, wie Leben und Fühlen der Germanen durch den Glauben an Christus und die kirchlichen Ordnungen umgestaltet ist und wie germanisch-heidnischer und christlicher Brauch bei den Völkern Westeuropas den unlöslichen Bund eingegangen sind.

In die Anfänge des germanischen Geisteslebens führt uns als die jüngste der Wissenschaften vom Mittelalter die mittellateinische Philologie ein. In den Studien über das Nachleben der Antike, über die Überlieferung und Wirkung der antiken Schriftsteller der klassischen Altertumswissenschaft verbunden, drängt sie über die im engsten Sinne philologischen Arbeiten hinaus zu einer Geschichte der mittelalterlichen Bildung. Ihr wird es obliegen, für alle die Nachbarwissenschaften den einheitlichen Mittelpunkt zu schaffen, um die Stufen der Kulturentwicklung Westeuropas von den Römern zu den Karolingern, zum 13. Jahrhundert, und zum Humanismus aufzudecken. Technische Wissenszweige, wie die Paläographie, vor allem aber die immer reicher sich entwickelnde Kunstgeschichte gliedern sich ihr an. Zumal die Fortschritte kunsthistorischer Erkenntnis dienen dazu, uns die verschlungenen Pfade frühmittelalterlicher Kultur zu eröffnen und den Orient Vorderasiens, den Hellenismus des sinkenden römischen Kaisertums mit der jungen germanischen Welt zu verknüpfen.

Auf allen Gebieten der mittelalterlichen Forschung sind wir bestrebt, zu verstehen, was die Germanen an eigenem Besitz der Welt gebracht, was eine untergehende Epoche an Werten des Lebens den neuen Völkern überließ. So streben wir dahin, der klassischen Altertumswissenschaft eine Wissenschaft der germanisch-romanischen Völkerwelt an die Seite zu stellen. Und wir begreifen, was Ed. Meyer aussprach, daß „die 5 Jahrhunderte von Diokletian bis auf Karl d. Gr. eine Übergangsepoche bilden, die eine Teilung nicht erträgt". Mit Konstantin beginnt eine Weltperiode, die mit Karl abgeschlossen wird.

Vom Altertum her erscheint er als ein Vollender, von der Gegenwart her als ein Schöpfer. Sind wir imstande, aus dem hier umrissenen Kreise der Gesamtentwicklung die persönliche Leistung des Kaisers auszulösen und sein Wesen zu erfassen? Die Quellen (zumal die Biographie Einhards, die Gedichte, die Kapitularien) bieten hierfür unsere, noch nicht hinreichend genutzten Hilfsmittel.

Karl trat das wohlgeordnete Erbe an, das Vater und Großvater ihm hinterlassen hatten. Ein ausgezeichnetes Geschlecht, das einen einzigen Aufstieg erlebt vom Arabersiege Karl Martells zur Königserhebung Pippins und zur Kaiserkrönung Karls d. Gr. Neben den Gaben, mit denen das Geschlecht sie ausstattete, steht das Persönliche der Herrscher.

Karls Größe ruhte in seiner staatsmännischen Leistung. Er versteht, die zufällige Gunst des Augenblicks wie die zwingende Notwendigkeit der Stunde sich dienstbar zu machen; da scheut er vor keinem Gewaltstreich zurück. Und der Realpolitiker, der er ist, verträgt es nicht, als Heiliger der Legende auf Goldgrund gemalt zu werden. Aber von den Weltengebietern unterscheidet ihn, daß er nicht um der Eroberung selbst willen ins Feld gezogen ist. Aus den Gelegenheitskriegen gewinnt er die dauernden Erfolge; nicht nach vorgefaßtem Plane, sondern aus dem Wechsel des geschicht= lichen Lebens heraus sein Reich geschaffen zu haben, ist seine politische Tat.

Aus der fränkischen Großmacht, die Pippin geschaffen, wuchs der germanische Weltstaat des Westens empor, der neben und über die Weltkirche trat. Karl wird — so zeigen ihn die karolinischen Bücher — zum Verteidiger des rechten Glaubens: er — nicht der Papst — schützt die Kindheit des germanischen Christentums gegen die Entartung der Griechen. Die Welt des Westens hat in Karl den Führer zur politischen und geistigen Einheit gewonnen.

Sein Ansehen ist durch seine Erfolge begründet; die Ver= ehrung der Welt gilt der Persönlichkeit des Kaisers. Diese ist ge= tragen von dem tief in ihn gepflanzten Vertrauen, daß Gott mit ihm ist. Er nennt sich König von Gottes Gnaden; es ist das Be= kenntnis, daß er den Staat mit der Kirche nach dem Willen Gottes zu lenken hat. Vor Augen steht ihm das Bild des Gott wohl= gefälligen Fürsten, das Augustin gezeichnet; er sieht sein Ideal er= füllt in den christlichen Kaisern des 4. und 5. Jahrhunderts, in den Königen Israels. In diesen hat Gott seinen Willen ge= offenbart; die Bibel — wie die karolinischen Bücher sie als Norm für die Dinge dieser Welt preisen — bewahrt im alten Testament das Vorbild des Staates und der Herrscher nach Gottes Willen. Der jüdische Staat und das christliche Kaisertum sind die Zeugnisse des göttlichen Regiments. Die Welten der Bibel und der Kirchen= väter, der Juden und der Römer gingen den Christen ineinander über und verschmolzen mit dem Eigenleben der Germanen.

Von hier aus sind Karls Kriege gegen die Sachsen, Avaren, Sarazenen als Religionskriege zu begreifen; selbst eine Tat, die, wie die Hinrichtung der 4500 Sachsen, die germanische Kraft zu Haß und Rache verrät, wird ihm durch Davids Vertilgung der Ammoniter gerecht und gottgefällig erschienen sein. Insbesondere das Kaisertum Karls d. Gr. müssen wir aus dem Glaubensleben der Zeit heraus erfassen, das in den Prophezeiungen Daniels, des Methodius, der Sibyllen dem vierten, römischen Weltreich die Dauer bis zum Ende der Tage sicherte. Indem der Staat der Karolinger das Imperium Roms fortsetzte, wurden dem 8. Jahrhundert Glauben und Wirklichkeit zur Harmonie verbunden, trat die germa= nische Gegenwart in die christliche Geschichtsauffassung ein.

In Karl wird die Überzeugung, als Diener Gottes zu wirken, zum Willen und zur Tat. Dieses Bewußtsein, in dem er das Kind seiner Zeit ist, hebt ihn mit einer Kraft ohnegleichen empor. In

seinem Reiche will er nach den Worten Augustins den Gottesstaat
vorbereiten. Seine Sorge für die Geringen und Schwachen, für
gute Verwaltung, die Wohlfahrtspflege zielt auf ein soziales
Königtum. Der König selbst muß sich in der Regierung durch=
setzen, gleich als ob er allgegenwärtig wär; der Staat ist auf seine
persönliche Waltung gestellt. Karls Wollen ist nicht deshalb minder
groß, weil ihm das Erreichte nicht entsprach und nicht entsprechen
konnte. Das Ideal vom gerechten Staat war unerfüllbar. Wir
dürfen den Herrscher nicht um der Zustände willen verurteilen, die
unter seinen schwächlichen Nachfolgern eintraten. Sein Erfolg war
ein innerer und äußerer Friede für alle Völker des Reichs, wie ihn
Westeuropa seit den Anfängen der Völkerwanderung nicht gesehen.

Die Hingabe an das augustinische Vorbild führt Karl darüber
hinaus zu der Aufgabe, seine Germanen zu Kindern Gottes zu
erziehen. Der soziale Staat steigt empor zum Kulturstaat.

Was Karl an sich selbst erlebt hat, soll an seinem Volk offen=
bar werden. Er war Germane und war — anders als sein Sohn
Ludwig — stolz auf sein Volk und auf dessen, obwohl heidnische,
Vergangenheit. Aber wie bei keinem der germanischen Könige vor
ihm, hat das Christentum von seiner Seele Besitz ergriffen. Der
Glaubenseifer und die Sittenreinheit der von Bonifatius und seinen
Genossen erneuerten fränkischen Landeskirche haben Karl d. Gr.
unterworfen. Es ist ein Weltgeschichtliches, daß der mächtige König
der Franken der erste Laie gewesen ist, dem der Christenglaube zum
Urgrund seiner Weltanschauung wurde.

Eine leidenschaftliche Sehnsucht nach Erkenntnis führt ihn zu
der Bildung der christlichen Kaiserzeit, in die Epoche der großen
Konzilien, der Kirchenväter, in denen das Christentum sich der
hellenisch=römischen Kultur bemächtigt hatte. Diese christliche
Bildung in sein Reich zu verpflanzen wird die Aufgabe der Er=
ziehung und das Werk, das Karl zu den Großen emporhebt.

Sein Hof wird der Mittelpunkt des abendländischen Geistes=
lebens; die fränkische Geistlichkeit soll dazu herangebildet werden,
die Germanen mit christlichem Sinne zu erfüllen, daß sie nicht mit
den Lippen, sondern mit dem Herzen Christum begreifen; Gott fordere
nicht äußeren Gehorsam, sondern wahre Frömmigkeit. Karl legt
den Grund zu der einheitlichen Bildung, die in den nächsten Jahr=
hunderten ganz Westeuropa umfaßt. Er gibt der Bewegung
Richtung und Ziel. „Karl geht überall voran, wo er wünscht,
daß ihm andere folgen." In seinem Kreise fängt weltliche Bildung
und Gesittung an, sich zu entfalten.

Auch hier kommen die Erfolge dem Ideal nicht nahe. Unter
Ludwig d. F. wird der freiere Zug einer Laienbildung vernichtet,
die christlich=römische Bildung in die Kirchenmauern eingeschlossen.
Nicht Karl, sondern Ludwig verschuldet den Gegensatz. einer

romanisierten Kirche und der germanischen Laienwelt. Karl hoffte, daß, wie in ihm selbst, sich in seinem Volke Germanentum und Christentum verschmelzen würden; von der Gegenwart zurückschauend erkennen wir es als seinen Ruhm, die Verbindung der beiden Mächte angebahnt zu haben, auf denen die Zukunft beruhen sollte. Aber auch die Zeitgenossen haben schon in Karl den christlichen Herrscher gefeiert, der dem Staate neue sittliche Aufgaben stellte und das Leben mit einem geistigen Inhalt zu erfüllen suchte. Und in dieser Gestalt, nicht als den Eroberer, haben Karls Völker sein Gedächtnis bewahrt.

Überall blieb das Wirken Karls und der Genossen, die er um sich sammelte, in den Anfängen, und viele Keime wurden erstickt. Es bleibt dennoch sein Ruhm, den Zusammenhang zwischen dem Altertum und den Germanen für immer gesichert zu haben. Sein Zeitalter wurde von den Dichtern des Hofes als eine „Wiedergeburt" gefeiert. Es brachte wirklich eine Renaissance, doch nicht der klassischen Welt Griechenlands und Roms, sondern der christlich-römischen Bildung des 4. und 5. Jahrhunderts. Das politische und das Kulturideal der Karolingerzeit stammen aus jener Epoche, als in dem Imperium Romanum innerhalb der Weltkirche eine christliche Weltbildung erwuchs. Beide finden eine neue Heimat in dem germanischen Weltstaat des Westens, den Karl als Sohn Pippins, als Enkel Karls begründete. So umfaßt eine Einheit der Entwicklung die fünf Jahrhunderte von Konstantin bis auf Karl d. Gr.; Weltstaat, Weltkirche, Weltbildung waren das Erbe des christlich-römischen Altertums für die germanischen Völker. An diese Ideale einer vergangenen Zeit hat Karl seine Kraft gesetzt; darin liegt seine Größe, aber auch die Bedingtheit seines Werks. Die Zukunft gehörte nicht den universalen Mächten, sondern den Nationen.

In der Aussprache erklärte sich zunächst Prof. Kolde (Erlangen) durch die Ausführungen des Redners wenig befriedigt und zeigte dann an Beispielen, wie äußerlich und mit welchem Zwange das Christentum unter den Sachsen verbreitet worden sei. Dies alles spreche nicht dafür, daß es ihm allenthalben darauf angekommen sei, „das Christentum des Herzens" zu pflegen, und gelegentliche fromme Redensarten in den Urkunden hätten gegenüber den Taten wenig zu bedeuten.

Prof. Kaufmann (Breslau) pflichtete dieser Auffassung bei und fügte ergänzend hinzu, daß Karls Ankämpfen gegen die von der ganzen Christenheit ersehnte Einigung der römischen und griechischen Kirche nicht gerade ein Zeichen friedlicher religiöser Gesinnung sei und daß sich die vom Vortragenden als maßgebend hingestellte Idee des christlichen Weltreiches ebensowenig mit der

Teilung des Reichs unter seine Söhne vertrage, die Karl nach altgermanischer Weise noch bei seinen Lebzeiten vorgenommen habe.

Privatdozent L. M. Hartmann (Wien) betonte in demselben Sinne, Karl sei ein alter Heerkönig gewesen, dessen Eroberungen sich ganz planlos aneinandergereiht hätten, aber kein großer einheitlicher Gedanke habe ihn beseelt, und er selbst habe sich auch nicht als sittlicher Erzieher gefühlt.

Prof. Lamprecht (Leipzig) erklärte, auf die methodologischen Fragen, die der Vortragende angeschnitten habe, einer vorherigen Vereinbarung gemäß nicht weiter eingehen zu wollen. Aber für die Ereignisse in Europa zur Zeit Karls d. Gr. sei es durchaus notwendig, diese ganze Periode in ihren entwicklungsgeschichtlichen Zusammenhang im Verhältnis zu der vorhergehenden und der folgenden zu stellen, und wenn man dies tue, so zeige sich, daß eben dieses Stadium, in dem altes sich auflöst, die Völker sich mischen und neue Bildungen entstehen, für die Errichtung eines Weltreiches überaus günstig sei. Eine ganz ähnliche Entwicklung lasse sich in der Geschichte Japans beobachten.

Privatdozent Ohr (Tübingen) machte geltend, die Behandlung des Problems müsse an einem andern Punkte einsetzen. Schon bei Lebzeiten Karls und seitdem bis zur Gegenwart ständen sich zwei Theorien über die Persönlichkeit des Kaisers gegenüber, die imperiale und die papale. Beide können sich auf die Quellen berufen, wenn auch nicht auf Karl selbst, sondern nur auf das, was dessen Umgebung über ihn behauptet hat. Das Problem bestehe nun darin, Karl gewissermaßen aus seiner Umgebung herauszuschälen. Es sei zweifelhaft, ob dann überhaupt eine geistige Größe zurückbleibe, denn Karl sei ein Tatenmensch gewesen, eine impulse Barbarennatur, ganz Wille und Instinkt, aber keineswegs jener ideale Königstyp, zu dem ihm sowohl die imperiale, als auch die papale und in einer versöhnenden Ausgleichung heute der Vortragende gemacht habe.

Prof. Rietschel (Tübingen) wandte sich gegen die von den ersten Rednern entwickelten Ansichten, nach denen dem Kaiser auch nicht der Schatten einer großen Persönlichkeit verbleibe. Möge man über seine politische Bedeutung streiten, auf dem Gebiete des Rechts habe er Gewaltiges geleistet; bezeichnend sei es, daß man später mit Vorliebe besonders gute Rechtseinrichtungen auf Karl zurückgeführt habe.

Prof. Keutgen (Jena) machte sich zwar die Anschauung des Vortragenden, der Karl zu einer Art Cromwell machen wollte, nicht zu eigen, bekämpfte aber die Versuche, seine geschichtliche Bedeutung und staatsmännische Größe zu verkleinern und in ihm nur einen „Halbbarbaren" zu erblicken. Um die dabei befolgte Methode zu beleuchten, erinnerte er daran, daß ein Widerspruch darin liege, wenn man es Karl als gänzlichen Mangel an politischer Einsicht anrechne, daß er nicht auch Unteritalien in Besitz genommen habe, während bei Friedrich Barbarossa das Umgekehrte vielfach gerade so als Fehler betrachtet werde. Und während es bei jedem heutigen Staatsmann als Umsicht gelte, wenn er in staatsrechtlichen Fragen das Gutachten staatsrechtlicher Autoritäten einhole, so werde Karl als „hilflos" bezeichnet, weil er bei dem Prozeß gegen Leo III. seine Kirchenrechtssachverständigen um Rat gefragt habe.

Dr. Kemmerich (München) möchte vor allem Karl nicht als einen Reformator auf allen Gebieten gelten lassen, auch seine Verdienste um die Kunst seien nicht so großartig, denn er habe die karolingische Kunst gewiß nicht geschaffen, sondern nur die vorhandene Kunstströmung gefördert, und die Blüte der Malerei falle erst in die Zeit Karls des Kahlen. Wie er nachgewiesen zu haben glaube („Entwicklungsgeschichte des literarischen Porträts" in der Beilage zur „Allgemeinen Zeitung" 1903, Nr. 214 ff.) bestehe das Wesen der primitiven Personenschilderung darin, daß ohne Rücksicht auf die Tatsachen nur vom Parteistandpunkt geurteilt werde, daß sie aus den Personen einen Ausbund aller Tugenden oder aller Untugenden mache, und zwar jeweils in allen ihren Äußerungen. Einhard habe diesen Standpunkt für seine Person schon fast überschritten, aber Prof. Bloch scheine zu den Superlativen zurückkehren zu wollen. Das Ziel einer Charakterschilderung bilde jedoch eine gerechte Abwägung der Verdienste und Verfehlungen, der Vor- und Nachteile.

Prof. Meyer von Knonau (Zürich) schloß die Erörterungen, indem er in launiger Weise schilderte, wie Karl in Zürich bis zur Gegenwart als Schulpatron im Volke fortlebt und als solcher gefeiert wird.

Um 2 Uhr sprach im Museum der bildenden Künste Prof. Dr. von Lange (Tübingen) über Schwabens Stellung in der Geschichte der Malerei des 15. Jahrhunderts.

Unter Hinweis auf die Wichtigkeit der Stuttgarter Gemäldegalerie für das Studium der altschwäbischen Malerei, da diese neben den Galerien in Sigmaringen, Donaueschingen, Karlsruhe und Augsburg an erster Stelle stehe, betonte der Redner, wie sehr sich die Anschauungen über die Entwicklung der oberdeutschen Malerei in den letzten Jahren geändert haben. Früher war man geneigt, den niederländischen Einfluß den Rhein aufwärts von Köln nach Kolmar und von dort durch die Vermittlung Schongauers nach Schwaben hineingelangen zu lassen. Oberdeutsche Bilder, wie die jetzt auf Multscher zurückgeführten, wurden für kölnisch oder wenigstens als unter dem Einfluß der kölnischen Schule stehend angesehen. Neuerdings dagegen wird die Selbständigkeit der oberdeutschen Schulen mehr betont und man legt besonderen Wert darauf, daß die schwäbische Malerei schon vor Schongauer eine ausgesprochen realistische Richtung gehabt hat, die sich zwar im allgemeinen unter dem Einfluß der niederländischen Schule ausbildet, doch im einzelnen vielfach einen selbständigen Charakter trägt. Als besonders fördernd für die Entwicklung sind die großen Reformkonzilien von Konstanz und Basel anzusehen, die zwischen 1415 und 1448 zahlreiche ausländische Kirchenfürsten und mit ihnen ohne Zweifel auch Kunstwerke, vielleicht sogar Künstler ins Land brachten, die mächtig anregend auf die heimische Produktion wirkten. Charakteristisch für die Bedeutung des schwäbischen Stammes ist dabei, daß die Maler, die durch diesen materiellen Aufschwung nach den großen Handelsstädten des Oberrheins gezogen wurden, zum großen Teil Schwaben waren. Schwaben liefert zum Teil die künstlerische Intelligenz, die damals durch das gesteigerte Prachtbedürfnis der oberrheinischen Städte Gelegenheit zur Betätigung fand. Lawelin (Nikolaus Ruesch) kommt aus Tübingen, Konrad Witz aus Rottweil[1] nach Basel. Letzterer zusammen mit Lukas Moser von Weilderstadt und Hans Multscher aus Reichenhofen im Allgäu repräsentiert die realistischen Bestrebungen der schwäbischen Malerei in der ersten Hälfte des 15. Jahrhunderts. Der Vortragende gibt eine Schilderung der Kunst dieser drei Meister, von denen nur Multscher in der Stuttgarter Galerie vertreten ist, sodaß die Werke der beiden anderen in Photographien veranschaulicht werden müssen. Durch stilistische Analyse der beiden noch dem 14. Jahrhundert angehörigen Bilder des Altdeutschen Saales, des Bebenhäuser Bildes: Maria auf dem Thron Salomos von ca. 1340 und des Prager Bildes aus Mühlhausen am Neckar von 1385 gewinnt er die Grundlage für die Charakteristik des Fortschritts, der von jenen drei Meistern in bezug auf plastische Modellierung, Raumvertiefung und Gefühlsausdruck angebahnt wurden. Während Lukas Moser in seinem Tiefenbronner Magdalenenalter von 1431 (nicht 1451) noch als ein Maler des Übergangs bezeichnet werden muß, der mit einer ausgesprochen gotischen Empfindung schon gewisse realistische Tendenzen verbindet, die aber nicht konsequent zur Durchführung gebracht sind, ist Konrad Witz der große Neuerer, der eine völlig moderne Raumauffassung an die Stelle der alten, flächenhaft dekorativen Malerei setzt, außerdem als erster ein tieferes Gefühl für die Landschaft zeigt. Hans Multscher dagegen stellt sich in seiner früheren Zeit (vertreten durch die Berliner Passionsbilder von 1437) als ein rücksichtsloser Realist des Gefühlsausdrucks dar, der aber in seiner späteren Zeit (in dem Sterzinger Alter von 1457/58 und

---

[1] Dies ist jetzt nicht mehr richtig; er ist in letzter Zeit als Konstanzer erwiesen worden.
v. Lange.

den Stuttgarter Bildern) ähnliche Tendenzen der Raumillusion wie Witz verfolgt und dabei jenen feierlichen abgeklärten Stil ausbildet, an den später Zeitblom, wahrscheinlich ein Schüler Multschers, unmittelbar anknüpft.

An diesen Ausblick schloß sich die Aufforderung zu einem Rundgang durch die Gemäldegalerie, der bis etwa 5 Uhr dauerte und sich auf die Erläuterung der kunsthistorisch und ästhetisch wichtigsten Bilder aller Schulen erstreckte.

Am 21. April, Sonnabend, vormittags 9 Uhr sprach Prof. Dr. Tröltsch (Heidelberg) über **die Bedeutung des Protestantismus für die Entstehung der modernen Welt**[1].

Innerhalb der bald vierhundertjährigen Geschichte des Protestantismus — so führte der Vortragende ungefähr aus — gilt es den Altprotestantismus vom Neuprotestantismus, der den ersteren seit dem 18. Jahrhundert abgelöst hat, zu unterscheiden, und da der Neuprotestantismus selbst einen Teil der modernen Welt bildet, so kommt es vor allem darauf an, die Bedeutung des Altprotestantismus darzustellen. Innerhalb des letzteren sind nicht nur das Luthertum und der Calvinismus zu unterscheiden, sondern vor allem auch die im konfessionellen Staate unterdrückten Richtungen des Wiedertäufertums und der humanistischen Theologie, die beide auf ersteren einen großen Einfluß ausgeübt haben. Der Protestantismus hat zunächst nur eine neue Antwort auf eine alte von der katholischen Welt erörterte Frage, auf die nach der Heilsgewißheit, gesucht. Er hat grundsätzlich den alten Begriff der Kirche als einer infalliblen und intoleranten Heils- und Erziehungsanstalt durchaus beibehalten, und wenn er auch Mönchtum und Zölibat verwarf, so blieb doch die alte Askese und die alte Lehre von der Nichtigkeit der Welt, die innerlich zu überwinden sei, beibehalten. In Wirklichkeit hatte aber die Neugestaltung des Kirchenwesens die unbeabsichtigte Folge, daß durch die Beseitigung der Alleinherrschaft der katholischen Kirche die Kraft des Kirchentums überhaupt geschwächt wurde, denn drei infallible, sich gegenseitig verdammende Kirchen mußten der Freigeisterei Vorschub leisten. In diesem Kampfe mußte aber der Protestantismus, vermöge seiner sehr viel schwächeren inneren Struktur dem Ansturm der modernen Ideen viel leichter unterliegen als die fester gefügte katholische Kirche. Im Familienleben behielt der Protestantismus die

---

[1] Der Vortrag ist vollständig im Druck erschienen in der „Historischen Zeitschrift", 97. Bd. (1906), S. 1—66 und auch als selbständige Schrift (München, R. Oldenburg, 1906).

strenge Unterordnung von Frau und Kindern unter den patriarchalisch=
absolutistischen Hausherrn bei, aber das protestantische Pfarrhaus
gab zugleich ein einzig dastehendes moralisches Beispiel des Familien=
lebens. Im Rechtsleben hat er das alte barbarische Strafrecht
nicht geändert, auch den Hexen= und Zauberwahn beibehalten. Das
Naturrecht wurde in humanistischen Kreisen entkirchlicht, und die
Entstehung des modernen Lebens bedeutet auf dem Gebiete des Rechts
geradezu vielfach den Bruch mit den Anschauungen des Altprotestantis=
mus. Den Staat hat der Protestantismus zwar von der Hierarchie
befreit, ihn aber trotzdem als religiöses Institut aufgefaßt und keine
modernen Staatsideen zugelassen. Der aufgeklärte Absolutismus
ist aber doch aus ihm, und zwar hauptsächlich aus dem Luthertum
herausgewachsen, wo der Landesherr auch die Kirche kommandierte.
Die konservativen Prinzipien im Staatsleben hat vor allem das
Luthertum gepflegt, aber in dieser Hinsicht besteht ein großer Unter=
schied zwischen ihm und dem Calvinismus: jenes vertrat die Unter=
werfung der Untertanen unter die Obrigkeit und der unteren Stände
unter die oberen, dieser bevorzugte eine aristokratische republikanische
Staatsform, lehrte den Widerstand gegen gottlose Obrigkeiten und
gegebenfalls sogar den Tyrannenmord. Die eigentliche Demokrati=
sierung der modernen Welt ist eine Frucht des Rationalismus ebenso
wie z. T. die Ideen der Menschenrechte und der Gewissensfreiheit.
Selbst in Nordamerika gab es zunächst keine Freiheit des Gewissens;
nur Pennsylvanien und Rhode Island machten eine Ausnahme,
aber hier leben wiedertäuferische Lehren im Quäkertum fort. Im
Wirtschaftsleben war Luthers Auffassung von der Berufs=
sittlichkeit und seine Rechtfertigung des Erwerbslebens schon lange
vorher katholische Lehre gewesen; er formulierte diese nur neu und
forderte bestimmter, jeder sei seinem Stande zu erhalten und die
Obrigkeit habe ihm seine Nahrung zu garantieren. Der Calvinismus
dagegen verwarf das Zinsverbot; der Geist des sogenannten Kapitalis=
mus, der den Erwerb nur um des Erwerbes willen kennt und den
Menschen zum Sklaven seiner Arbeit macht, ist zu einem guten
Teil auf kalvinistische Anschauungen zurückzuführen. Gerade die
Askese, die Geringschätzung der Weltfreuden, zeitigte eine systematische
Arbeit, die Selbstzweck war und Geld anhäufte aus Freude an der
Leistung. Den Beweis bieten am besten die puritanischen Schotten,
aber ähnliche Wirkungen hat auch der Pietismus gehabt. In der
Wissenschaft hat der Protestantismus die bisherige kirchliche
Bewältigung des Wissens, die Scholastik, gestürzt und das Er=
ziehungswesen verstaatlicht. Die wissenschaftliche Kritik und Ehrlich=
keit geht in ihren Keimen auf die antikatholische Bibelkritik zurück,
obwohl der Protestantismus erst eigentlich die Infallibilitätstheorie
der Bibel begründet hat. In der Kunst hat der Calvinismus
mit seinem Bildersturm und seiner Schmuckfeindlichkeit geschadet,

das Luthertum aber in der Musik und religiösen Lyrik neue eigenartige Leistungen hervorgebracht. Der Katholizismus aber blieb der Kunst immer in höherem Grade verwandt. Immerhin hängt Rembrandts Kunst mit dem Protestantismus eng zusammen, denn keine protestantische Richtung hat versucht, die künstlerische Empfindung zu einer Verklärung der Sinnlichkeit zu erheben, und demgemäß sind Klassizismus und Romantik in ihrem innersten Wesen dem Luthertum fremd. Die direktesten Wirkungen des protestantischen Geistes zeigen sich auf religiös-ethischem Gebiete. Luther setzte das Innewerden der unmittelbaren Heilsgewißheit allein durch den Glauben an die Stelle des katholischen sakramentalen Wunders. Sein Ziel war dabei das gleiche wie das der katholischen Kirche, aber der von ihm eingeschlagene neue Weg wurde allmählich wichtiger als das Ziel selbst, denn er führte, wenn auch erst in längerer Zeit, zu einer Gefühls- und Gewissensreligion ohne dogmatischen Zwang, zu einer autonomen inneren Selbständigkeit des Gewissens, in der das Wesen der modernen Religiösität zu suchen ist. In diesem Punkte berührt sich der Protestantismus mit den Grundpfeilern des modernen Denkens, dem Freiheits- und Persönlichkeitsgefühl. Der protestantische Zug zur Gewissensfreiheit hat im Kampfe, aus dem die moderne Welt hervorgegangen ist, großes geleistet, aber er ist vielleicht auch noch einmal wertvoll im Kampfe gegen Mächte, die nicht auf dem alten Boden entstanden sind, sondern gerade auf die moderne Welt zurückgehen.

Nur die kausalen Zusammenhänge vorzuführen, nicht etwa Werturteile zufällen, war die Absicht dieser Ausführungen, der mit großem Beifall aufgenommen wurde. Als einziger Redner ergriff Prof. Karl Müller (Tübingen) das Wort, um dem Vortragenden den Dank der Versammlung auszusprechen und einige allgemeine Bemerkungen daran zu knüpfen.

Freitag, den 20. April, fand nachmittags 5 Uhr unter stattlicher Beteiligung im Hotel Marquardt das Festmahl statt, an dem auch der Kultusminister v. Weizsäcker und Oberbürgermeister Dr. Mülberger (Eßlingen) teilnahmen; letzterer lud noch einmal besonders zum Besuch der von ihm vertretenen Stadt ein. In der ersten Tischrede gedachte Geh. Hofrat Prof. Dr. v. Below (Freiburg) des deutschen Kaisers, des Kaisers von Österreich und des Königs von Württemberg, indem er auf die Bedeutung der Einzelstaaten für die Pflege der Wissenschaft hinwies. Prof. Busch (Tübingen) sprach auf die Redner der Versammlung, Prof. Breßlau (Straßburg), der zum erstenmale teilnahm, auf den Orts- und Verbandsausschuß, General Dr. v. Pfister (Stuttgart) auf die Frauen,

Prof. Knapp (Straßburg) auf das Schwabenland, aus dem Kepler und Schiller hervorgegangen seien. Kultusminister v. Weizsäcker bezeichnete die Historie sowohl als Nahrungs- als auch als Genußmittel für das Volk und widmete sein Glas dem Gedeihen der Geschichtswissenschaft. Prof. Kaufmann (Breslau) dankte dem Ortsausschuß und im besonderen dem Leiter des Bureaus, Karl Lotter, für seine Mühewaltung, und Oberstudienrat Egelhaaf (Stuttgart) erwiderte launig als Vorsitzender des Ortsausschusses.

Am 21. April, Sonnabend, nachmittags 3 Uhr ward eine vom Wetter begünstigte Fahrt nach Eßlingen angetreten, das als ehemalige Reichshauptstadt und durch seine altertümlichen Bauwerke die Versammlungsteilnehmer in stattlicher Zahl anlockte. Auf einem längeren Rundgange wurde von der Neckarbrücke aus die Aussicht genossen, durch die Altstadt zur sehenswürdigen Stadtkirche und Frauenkirche und über die neue Panoramastraße zur Burg gewandert, wo in dem als Festsaal hergestellten „dicken Turme" die Stadt ihre Gäste bewirtete und Oberbürgermeister Dr. Mülberger diese willkommen hieß. Ein Abendessen im Gasthaus zur „Krone" vereinigte noch einen großen Teil der Gäste mit der Bürgerschaft Eßlingens, und nach der Rückkehr nach Stuttgart trennten sich die Teilnehmer an der neunten Versammlung deutscher Historiker, indem jeder seiner Heimat zusteuerte.

Erster Anhang.

Geschäftsbericht des Verbandes deutscher Historiker.

Die Sitzung des Verbandes deutscher Historiker fand Sonnabend, den 21. April, 11½ Uhr statt. Es wurde zunächst der unten mitgeteilte Kassenbericht erstattet und dann über folgende Anträge beraten.

Der Verbandsausschuß beantragte, aus dem Vereinsvermögen dem Deutschen Schulverein eine einmalige Gabe von 100 Mark zu überweisen. Dies wurde zum Beschluß erhoben. Ferner wurde dem Antrage von Dr. Helmolt (Leipzig), „der Verbandstag wolle beschließen, daß der Verband deutscher Historiker als Körperschaft dem Leopold von Ranke-Verein in Wiehe mit einem einmaligen Beitrage von 20 Mark beitrete" (vgl. unten Anlage III, S. 55—56), zugestimmt. Ferner sagte der Ausschuß an, die überschüssigen Mittel des Verbandes dazu zu verwenden, daß das von Gengler hinterlassene Manuskript „Deutsche Stadtrechte aus dem 16. bis 18. Jahrhundert" druckfertig gemacht wird, falls von anderer Seite der Druck besorgt wird. Wegen Übernahme des Verlags ist bereits mit zwei Firmen verhandelt worden, aber größere Unterstützungen — etwa von der kgl. bayrischen Akademie der Wissenschaften — sind bisher noch nicht zugesagt. Der Verbandsausschuß wurde beauftragt, solche auszuwirken zu versuchen, und unter der Voraussetzung, daß dies gelingt, wurde der Antrag angenommen.

Bezüglich der nächsten Tagung unterbreitete der Ausschuß der Versammlung folgenden Vorschlag, der allseitige Annahme fand: „Der Ausschuß hat den Wunsch, die nächste Versammlung in das Königreich Sachsen zu verlegen, wo der zweite Historikertag in Leipzig unter dem Vorsitz von Herrn Geheimrat Lamprecht im Jahre 1894 stattgefunden hat. Einer Anregung von Dresden folgend, hat der Ausschuß beschlossen, die Versammlung in diese Stadt zu verlegen. Zum Vorsitzenden hat der Ausschuß einstimmig Herrn Professor Seeliger gewählt". Als Zeit kommt gewohnheitsgemäß der Herbst 1907 in Betracht, doch wird das Nähere der neue Vorsitzende des Verbandsausschusses mit dem Ortsausschuß zu vereinbaren haben.

Dem Ausschusse des Verbandes gehörten nach den Bestimmungen der Geschäftsordnung noch die Herren Gelzer[1], Hansen, Kaufmann, Lamprecht, Meinecke, Ed. Meyer, Ulmann, v. Zwiedineck-Südenhorst[1] an. Es wurden gemäß dem Ausschußantrage neu gewählt die Herren: v. Below, Busch, v. Heigel, Meyer von Knonau, Redlich, Seeliger. Am 21. April ergänzte sich der Ausschuß sofort durch Zuwahl von Baldamus, Egelhaaf, Ermisch, Geß und Lindner, und, durch Rundschreiben gewählt, trat im Mai in gleicher Weise Bachmann in den Ausschuß ein. Demnach besteht der Ausschuß zurzeit aus Seeliger als Vorsitzendem und folgenden Mitgliedern: Bachmann, Baldamus, v. Below, Busch, Egelhaaf, Ermisch, Geß, Hansen, v. Heigel, Kaufmann, Lamprecht, Lindner, Meinecke, Ed. Meyer, Meyer von Knonau, Redlich, Ulmann.

Den Kassenbericht erstattete der Schatzmeister des Verbandes in folgender Weise für die Jahre 1904 und 1905:

Kassenbestand am 31. Dezember 1903 . .	1252,04 Mk.
Beiträge der Mitglieder (mit Ausnahme der in Salzburg beim Ortsausschuß eingezahlten)	327,— „
Jahreszinsen des Kapitals von 2000 Mk. (angelegt in preußischen 3½% Consols)	70,— „
Summa der Einnahmen	1649,04 Mk.
Ausgaben	450,64 „
Kassenbestand am 31. Dezember 1904 . .	1198,40 Mk.
Beiträge der Mitglieder 1905	459,— „
Jahreszinsen wie oben	70,— „
Summe der Einnahmen	1727,40 Mk.
Ausgaben	478,85 „
Am 31. Dezember 1905 Kassenbestand . .	1248,55 Mk.

Die Rechnungsprüfer Prof. O. Oppermann und Prof. A. Cartellieri haben die Rechnung am 18. April 1906 geprüft und für richtig befunden, auf ihren Antrag erteilt der Verband dem Schatzmeister Prof. J. Hansen für die Jahre 1904 und 1905 Entlastung.

---

[1] Inzwischen verstorben.

Zweiter Anhang.

Bericht über die siebente Konferenz von Vertretern landesgeschichtlicher Publikationsinstitute.

Die Vorbereitung der Tagung lag, wie schon bei der sechsten Konferenz in den Händen ihres ständigen Sekretärs, Prof. Dr. Kötzschke (Leipzig), der für rechtzeitige Veröffentlichung des Programms gesorgt hatte. Die sechs Punkte, deren Besprechung angekündigt war, wurden sämtlich erledigt, und zwar wurden drei Sitzungen abgehalten.

Von den landesgeschichtlichen Publikationsinstituten waren vertreten:

a) solche, die sich bereits früher an Konferenzen beteiligt[1] haben:
1. **Gesellschaft für rheinische Geschichtskunde** — durch Prof. Hansen und Prof. Schulte.
2. **Historische Kommission für die Provinz Sachsen und das Herzogtum Anhalt** — durch Prof. Heldmann.
3. **Königl. Württembergische Kommission für Landesgeschichte** — durch Archivdir. v. Schneider.
4. **Königl. Sächsische Kommission für Geschichte** — durch Prof. Lamprecht.
5. **Thüringische Historische Kommission** — durch Prof. Mentz.
6. **Historische Landeskommission für Steiermark** — durch Prof. Luschin von Ebengreuth.
7. **Historischer Verein für Steiermark** — durch denselben.
8. **Institut für österreichische Geschichtsforschung** durch Prof. Oswald Redlich.
9. **Verein für Landeskunde von Niederösterreich** — durch denselben.

---

[1] Lediglich aus persönlichen Gründen hatten bevollmächtigte Vertreter nicht entsandt die Badische Historische Kommission, die Gesellschaft für Salzburger Landeskunde und die Gesellschaft für die Geschichte des Protestantismus in Österreich.

10. Westpreußischer Geschichtsverein — durch Oberlehrer Simson.

b) solche, die sich bisher an den Konferenzen noch nicht beteiligt haben:

11. Gesellschaft für fränkische Geschichte — durch Prof. Chroust.
12. Kommission für die Herausgabe elsässischer Geschichtsquellen — durch Prof. Breßlau.
13. Kommission für die Herausgabe lothringischer Geschichtsquellen — durch Archivdirektor Wolfram.

Außer den 12 als Vertreter genannten wohnten noch die 37 folgenden — zusammen 49 — Teilnehmer der Historikerversammlung den Verhandlungen bei:

Prof. Dr. G. v. Below (Freiburg i. B.),
Oberlehrer Berg (Königshütte),
Dr. Julius Cahn (Frankfurt a. M.),
Prof. Cartellieri (Jena),
Privatdozent Curschmann (Greifswald),
Oberpräzeptor Diehl (Leutkirch),
Archivar Dieterich (Darmstadt),
Prof. Dopsch (Wien),
Pfarrer Duncker (Belsen),
Oberlehrer Fabricius (Kopenhagen),
Prof. Finke (Freiburg),
Archivar a. D. Forst (Zürich).
Privatdozent Gebhardt (Erlangen),
Dr. Goeßler (Stuttgart),
Prof. Goetz (Tübingen),
Dr. Anton Hauber (Tübingen),
Dr. Heinrich Heerwagen (Nürnberg),
Dr. Hermelink (Stuttgart),
Bibliothekskustos Hilliger (Leipzig),
Frhr. von Karg-Bebenburg (München),

Dr. Bruno Kuske (Köln),
Oberlehrer Lörcher (Halle),
Oberarchivassessor Mehring (Stuttgart),
Prof. Meister (Münster i. W.),
Direktor des kgl. Münzkabinetts Menadier (Berlin),
cand. phil. Naumann (Gothenburg),
Archivar Overmann (Erfurt),
Bibliothekskustos Reicke (Nürnberg),
Prof. Rietschel (Tübingen),
Hilfslehrer Sigwart (Ulm),
Prof. Sorgenfrey (Neuhaldensleben),
Frhr. v. Stromer-Reichenbach (München),
Dr. Armin Tille (Leipzig),
Dr. Fritz Wertheimer (Bruchsal),
Prof. Karl Wild (Heidelberg),
Privatdozent Wimarson (Lund),
Archivrat Wintterlin (Stuttgart),
Prof. Wolfram (Bamberg).

Die erste Sitzung am 17. April, nachmittags 6 Uhr, im oberen Museum eröffnete Prof. Kötzschke. Auf seinen Vorschlag wurde

Archivdirektor Schneider (Stuttgart) zum Vorsitzenden gewählt und Dr. Armin Tille (Leipzig) mit der Führung des Protokolls betraut. Hierauf erstattete Prof. Kötzschke zunächst den Geschäftsbericht und warf einleitend einen Blick auf die früheren Tagungen, in denen sich die Konferenz vornehmlich mit historisch-geographischen Problemen beschäftigt habe. Gälte es heute, unmittelbar an die Salzburger Tagung anzuknüpfen, so seien für die Zukunft doch manche bisher kaum berührte Fragen zu beantworten, und zwar sowohl solche, die die wissenschaftliche Arbeit selbst betreffen, als auch solche, die sich auf die Verwaltungspraxis der Publikationsinstitute beziehen. Es wird sich z. B. empfehlen, über die Anlage der Register zu den Publikationen, über moderne Aktenpublikationen und dergleichen zu beraten, aber auch die Mitarbeiterfrage einmal zu erörtern. Notwendig sei jedoch, daß die Verhandlungen durch schriftliche Gutachten unterstützt würden, damit eine allseitige Besprechung der schwebenden Fragen überhaupt möglich würde. Eine weitere Angelegenheit sei die Feststellung, welche Publikationsinstitute überhaupt als Teilnehmer an der Konferenz zu betrachten sind, denn damit hänge die Organisation und Leistungsfähigkeit der Konferenz aufs engste zusammen, da bisher von jedem Institut für je eine Tagung ein Betrag von 30 Mark zur Deckung der entstehenden Unkosten beigesteuert worden sei. Zur Prüfung der bisherigen Kassenführung seien überdies noch zwei Herren zu bestimmen. Dieses Amt übernahmen Prof. Mentz (Jena) und Oberlehrer Dr. Simson (Danzig). Prof. Hansen (Köln) schlug, indem er auf die im Geschäftsbericht gegebenen Anregungen einging, vor, Prof. Kötzschke schon jetzt für die nächste Tagung um Erstattung von Gutachten zu bitten, sowohl über die Mitarbeiterfrage als auch über die Organisation der Konferenz und die Regelung der Kassenverhältnisse.

Als erster Gegenstand wurde über Absatz und Verlag von Publikationen der Institute verhandelt, und zwar führte Prof. Hansen (Köln) als Berichterstatter darüber folgendes aus. Das von ihm vertretene Publikationsinstitut, die Gesellschaft für rheinische Geschichtskunde, hat früher auf eigene Kosten drucken lassen, ist aber seit einigen Jahren einen Vertrag mit einem Verleger eingegangen, der den Druck übernimmt, der Gesellschaft die von ihr benötigten Exemplare für ihre Stifter und Patrone gegen Bezahlung liefert und im übrigen den Verkauf besorgt. Das letztere Verfahren hat sich als das für die Gesellschaft günstigste erwiesen, und auch der Verleger ist damit zufrieden, da er immer seine Rechnung dabei gefunden hat. Dieses Verfahren kann naturgemäß nicht für jedes Publikationsinstitut in Frage kommen, weil nicht jedes für seine eigenen Zwecke eine größere Anzahl Exemplare braucht wie die genannte Gesellschaft. Ob ein Institut einen größeren Bedarf an Exemplaren hat oder nicht, dies hängt von seiner Organisation, von der Art, wie die Mittel beschafft werden, ab.

In dieser Beziehung liegen die Verhältnisse bei jedem Publikationsinstitut etwas anders, aber alle haben dasselbe Interesse, ihre Publikationen möglichst weit zu verbreiten, und dazu trägt gewiß viel bei, daß der Verleger selbst am Absatz geschäftlich interessiert ist.

Aus den Mitteilungen, die seitens der Anwesenden über die Verhältnisse anderwärts (Württemberg, Thüringen, Provinz und Königreich Sachsen, Baden) gemacht wurden, ergab sich deutlich und übereinstimmend, daß bei Quellenpublikationen die Zahl der im Buchhandel abzusetzenden Exemplare höchstens 250 beträgt, daß aber in vielen Fällen nur wenig über 100 abgesetzt werden, während bei Darstellungen der Absatz recht verschieden ist, sodaß manchmal sogar davon weniger als von Quellenveröffentlichungen verkauft werden. Der Preis scheint auf die Verbreitung ganz ohne Einfluß zu sein; wenigstens haben die äußerst billigen Veröffentlichungen der Württembergischen Kommission auch keinen höheren Absatz als diejenigen anderer Institute. Vor der nächsten Konferenz werden die Vertreter um Einsendung möglichst genauer Berichte über Kosten und Absatz der Publikationen an den Berichterstatter gebeten, wobei die Verfassung der einzelnen Publikationsinstitute natürlich zu berücksichtigen sein wird. Um die absoluten Druckkosten vergleichen zu können, muß auch die Zahl der Zeilen und die Zahl der Buchstaben auf der Zeile berücksichtigt werden. Werden aber die tatsächlichen Verhältnisse in dieser eingehenden Weise festgestellt, so werden sich zweifellos einzelne Institute die Erfahrungen andrer zu nutze machen können.

Hierauf wurde die erste Sitzung geschlossen.

Die zweite Sitzung, am 18. April nachmittags 4½ Uhr, eröffnete Prof. v. Thudichum (Tübingen) mit einem kurzen Bericht über historische Karten Süddeutschlands, wobei er unter Vorlegung neu gefertigter Karten auf die vielfache Verwendbarkeit der Grundkarten hinwies und genauere Angaben über die Kosten macht, welche die Herstellung der Grundkarten erfordert hat. Die Doppelsektion kommt auf 0,36 Mk. zu stehen, wenn 1000 Stück gedruckt werden. Das Stück der bairischen Amtsgerichtskarte, die an sich als Grundkarte gut verwendbar wäre, kostet im Gegensatz dazu 1,50 Mk. Dieser Umstand beweist allein schon, daß die Herstellung von Grundkarten auch in Baiern ins Auge gefaßt werden muß.

An zweiter Stelle berichtete Prof. Dopsch (Wien) im Anschluß an seine Ausführungen auf der letzten Konferenz über Maßnahmen zur Erschließung agrargeschichtlicher Quellen. Als Neuerscheinungen machte er die **Urbare der Abtei Werden**, herausgegeben von **Kötzschke**, Bd. 1 und die **Urbare des Benediktinerklosters Göttweig**, herausgegeben von **Fuchs**, namhaft und teilte mit, daß die Wiener Akademie Nachtragsbände zu den Österreichischen Weistümern herauszugeben beschlossen hat, während die Gesellschaft für fränkische Geschichte zunächst eine Verzeichnung der fränkischen Weistümer durchführen will. In Österreich ist eine systematische Verzeichnung der urbarialen Quellen in die Wege geleitet worden, und zwar stellt im Auftrage der Akademie Dr. **Kaser** (Wien) die von Niederösterreich, Dr. **Schiffmann** (Linz) die von Oberösterreich, Prof. **Mell** (Graz) die von Steiermark und Dr. **Theodor Mayer** (Innsbruck) die von Tirol zusammen. Ein allgemeines Fortschreiten in dieser Richtung ist zunächst das notwendigste. Dem Vorschlage, die älteren **Hofrechte** des Mittelalters herauszugeben, steht die Zentraldirektion der Monumenta Germaniae freundlich gegenüber und hat den Berichterstatter beauftragt, Vorschläge hinsichtlich der Ausführung des Planes zu machen.

In der anschließenden Aussprache wurde allseitig betont, daß die Bereisung und Durchsicht der kleineren Archive die Vorbedingung für jede Zusammenstellung des Materials sei, die auf Vollständigkeit Anspruch machen soll, und die in dieser Hinsicht bestehenden Schwierigkeiten wurden von verschiedenen Seiten beleuchtet. In Westpreußen ist, wie Dr. **Simson** (Danzig) mitteilte, für die Sammlung agrargeschichtlicher Quellen eine **Hilfskraft** tätig, die die Gerichtsbücher bearbeitet und die Besitzurkunden seit 1772 sowie die Handfesten aus der Ordenszeit verzeichnet.

Als dritter Gegenstand wurde die Frage erörtert, **welche Anforderungen an die Abfassung von Regesten und Regestenwerken zu stellen sind**. Das ausführliche Gutachten von Privatdozent Dr. **Steinacker** (Wien) brachte Prof. **Redlich** (Wien) zur Verlesung. Der Gedankengang von Steinackers Denkschrift war folgender:

Das Regest, das in historischer, diplomatischer, rechtsgeschichtlicher, topographischer und sprachwissenschaftlicher Beziehung allen Anforderungen genügen soll, müßte alle Namen, Zahlen und alles andere sachliche Detail des Urkundeninhalts bieten; die urkundliche Form der Namen und den Originalwortlaut der Datierung in Klammern beigeben; ebenso alle Wendungen (auch die formelhaften) des Textes, die rechtshistorisch irgendwie bedeutsam sind. Die Fassung des Regestes hätte sich dem Aufbau des Urkundentextes möglichst getreu anzuschließen und von allen jenen Angaben über die äußeren Merkmale begleitet zu sein, die einem modernen Abdruck des Stückes beizugeben wären.

Dieser ideale Regestentypus beansprucht aber kaum weniger Raum und Zeit, als ein voller Abdruck. Praktisch steht also die Frage so, ob sich gewisse Vereinfachungen dieses Typus vereinbaren lassen, die allgemein für Regestenwerke als zulässig gelten können. Diese Frage ist zu verneinen. Jedes Regestenwerk muß die einzelnen aufgenommenen Urkunden je nach ihrer Wichtigkeit für den Zweck des Werkes verschieden behandeln. In dieser individualisierenden, abstufenden Behandlung besteht eben die eigentliche Kunst des Regestenmachens.

Aber auch für die Anlage von Regestenwerken lassen sich kaum theoretische Regeln aufstellen. Das lehrt der Vergleich von Regestensammlungen, deren Aufgabe ähnlich ist (etwa Dobeneckers Reg. Thuringiae, Hidbers Schweiz. U.-Register und Görz' Mittelrhein. Regesten, oder der Regesten der Markgr. v. Baden und der Pfälzer Regesten, oder der Konstanzer und der Kölner Regesten). Und diese Verschiedenartigkeit ist unaufheblich. Sie ist begründet in der Geschichte der deutschen U.-Forschung. Durch Jahrhunderte sind unsere archivalischen Schätze unsystematisch und bruchstückweise veröffentlicht worden. Die moderne Forschung glaubt an das Vorhandene anknüpfen zu müssen. Und diese „gegebenen Verhältnisse" sind für jedes Regestenwerk andere. Dazu kommt, daß die heutige politische Einteilung, die vielfach für die Arbeitsteilung zwischen den histor. Vereinen und Kommissionen maßgebend ist, von der territorialen Gliederung des Mittelalters abweicht. So werden die Zusammenhänge der Urkundengruppen zerrissen und manche Arbeit zweimal halb, statt einmal ganz gemacht.

Diese Zersplitterung hat für die Bearbeitung der Landesgeschichte Vorteile; für die Herausgabe der Quellen wäre eine größere Zentralisierung dringend notwendig.

Würden fortan alle deutschen Regestenwerke zwar als selbständige Unternehmungen der einzelnen Publikationsinstitute, zugleich aber als ergänzende Teile eines großen allgemeinen Verzeichnisses aller älteren deutschen Urkunden angelegt, so könnten wir „Regesta Germaniae" bekommen, die — für die ältere Zeit nach geistlichen Empfängern angelegt — zugleich die längst gewünschte „Germania sacra" darstellen würden. Und dann ließen sich auch einheitliche Grundsätze für die Fassung des einzelnen Regests, wie für die Anlage der einzelnen Regestenwerke aufstellen.

Bis aber in dieser oder in anderer Form eine einheitliche Organisation erreicht wird, könnte man der heutigen Zersplitterung auf dem Gebiet der Urkundenveröffentlichung wenigstens halbwegs abhelfen, wenn man bei der Anlage von Urkundenwerken nicht mehr ausschließlich von inhaltlichen, historischen, sondern auch von diplomatischen Erwägungen ausginge.

In der Geschichte des deutschen Urkundenwesens lassen sich drei

Zeiträume unterscheiden. Im ersten — etwa das 10. und 11. Jahrhundert umfassend — haben wir den Verfall des aus fränkischer Zeit übernommenen Urkundenwesens und die Entstehung von Urkundensurrogaten (Akt- und Traditionsbuch); im zweiten (12. und 13. Jahrh.) das Wiederaufkommen der Urkunde dank Einführung des Siegels, das Nebeneinander der Aussteller- und Empfängerherstellung, kurz eine Zeit des Übergangs; im dritten (14. und 15. Jahrh.) endlich das ausgebildete Urkundenwesen auf Grund weitreichender Siegelfähigkeit und Schreibfertigkeit, mit wohlgeordneten fürstlichen und städtischen Kanzleien.

Diese Zeiträume müssen aus äußeren und inneren Gründen verschieden behandelt werden. Referent will sich für diesmal auf die ersteren beschränken, die durch die ganz verschiedene Größe des zu bearbeitenden Stoffes gegeben sind. Denn erst nach ihrer Klarstellung durch Erhebungen, die er vorschlagen möchte, werde man — vielleicht auf der nächsten Konferenz — über die inneren Momente mit Erfolg verhandeln können.

Die Zahlen, die Archivdirektor Ilgen auf dem Salzburger Historikertag für Düsseldorf angeführt hat, oder die sich für Karlsruhe aus dem I. Bd. des Inventars, für die bayr. Landesarchive aus den seinerzeit veröffentlichten Angaben Rockingers ergeben, lassen ungefähr erkennen, daß die Urkunden Deutschlands für den ersten Zeitraum nach Tausenden, für den zweiten nach Zehntausenden, für den dritten nach Hunderttausenden zählen. Ja es ergibt sich vermutungsweise das Verhältnis von 1 : 20 : 400.

Wäre dies zutreffend, so ließen sich daraus für den ersten und dritten Zeitraum unmittelbar praktische Folgerungen ableiten. Für den ersten, daß eine kritische Neuveröffentlichung aller deutscher Urkunden in einem großen Sammelwerke möglich und richtig wäre. Und für den dritten Zeitraum, daß man auf eine vollständige Veröffentlichung auch in Regestenwerken ebenso wird verzichten müssen, wie bei den neuzeitlichen Akten, für die die archivalische Benützung eine selbstverständliche Forderung ist. Die Mittel, die für Regestenwerke dieser Zeit zur Verfügung stehen, würden besser zur Erleichterung der Archivbenützung insbesondere zur Durchführung der internen archivalischen Regestierung verwendet, die bei zweckmäßigem Austausch von Regestenkopien zwischen den benachbarten Archiven die archivalische Forschung namhaft erleichtern würde.

Um aber zu konkreten Vorschlägen zu kommen und eine Grundlage für die Erörterung auch der inneren Momente zu gewinnen, legt Ref. den folgenden Antrag vor:

„Die Konferenz landesgeschichtlicher Publikationsinstitute beschließt, durch territoriale Referenten die Zahl der in den größeren Archiven Deutschlands ruhenden Urkunden und die Verteilung dieser

Zahl auf die einzelnen Jahrhunderte schätzungsweise erheben zu lassen."

Als Gegenberichterstatter stellte sich Prof. Rietschel (Tübingen) auf den Standpunkt des Benutzers, und zwar desjenigen für vornehmlich rechtsgeschichtliche Zwecke, wobei er unter Ausschaltung der Frage der eigentlichen Regestensammlungen sein Augenmerk lediglich auf diejenigen Regesten richtete, welche in Urkundenbüchern den vollständigen Abdruck einer Urkunde ersetzen sollen. In diesen Urkundensammlungen sei bisher das Hauptgewicht auf die politischen Verhältnisse gelegt worden; deswegen stehe es recht schlecht hinsichtlich aller Angaben privatrechtlicher Natur, und dies bringe den Rechtshistoriker in große Verlegenheit, insofern er in den Regesten das, was er sucht, entweder gar nicht oder nur ungenau ausgedrückt findet. Der Redner fordert im allgemeinen, bis 1300 alle Urkunden zu drucken und höchstens seit 1250 Abkürzungen eintreten zu lassen, alle verfassungs- und wirtschaftsgeschichtlich bedeutsamen Angaben dem Regest unter Verwendung des Wortlauts der Urkunde selbst einzuverleiben und, sobald der Vorrat der Urkunden zu ganz kurzen Inhaltsangaben nötige, wenigstens einige Privatrechtsurkunden in einer Auswahl, sodaß möglichst jeder vorkommende Fall in zwei bis drei Beispielen vertreten sei, zu veröffentlichen. Ausführliche Überschriften seien bei Privaturkunden entbehrlich. Als Mittel zur Abkürzung lateinischer Urkunden sei statt des Regests ein Auszug, der der Satzkonstruktion der Urkunde unter Weglassung alles nicht unbedingt Notwendigen entspricht, zu empfehlen.

In der Erörterung hob zuerst Prof. Cartellieri (Jena) die materiellen Schwierigkeiten hervor, die eine systematische Publikation von Regesten hindern, namentlich den Mangel brauchbarer Archivrepertorien, den erfahrungsgemäß häufigen Wechsel der Mitarbeiter und den Umstand, daß wenigstens anfangs ein Arbeitsprinzip fehlt, und daß doch nicht verlangt werden könne, die anfängliche Arbeit solle, nachdem ein Arbeitsprinzip bei der Arbeit selbst entwickelt worden sei, vollständig noch ein zweites Mal getan werden.

Nachdem Prof. Finke (Freiburg) empfohlen hatte, die Geschichtsvereine zur Mitarbeit heranzuziehen, beantragte Prof. Rietschel einen dreigliedrigen Ausschuß einzusetzen, der vor der nächsten Tagung schriftliche Gutachten erstatten solle. Prof. Schulte (Bonn) empfahl einen fünfgliedrigen Ausschuß, und in dieser Form wurde der Antrag angenommen; als seine Glieder wurden gewählt: Kötzschke, Redlich, Rietschel, Schulte, Steinacker. Die Gutachten sollen rechtzeitig vor der Tagung eingereicht, vervielfältigt und den Interessenten zugestellt werden. Auch der Antrag Steinackers, durch Sachkundige die Zahl der

Urkunden von Jahrhundert zu Jahrhundert in den größeren Archiven feststellen zu lassen, wurde angenommen.

Zum Schluß legte Prof. Redlich (Wien) die ersten soeben vollendeten Karten des Historischen Atlasses der österreichischen Alpenländer vor, und Prof. Mentz (Jena) berichtete über die von ihm geprüfte Rechnung der Konferenz. Das Ergebnis war folgendes:

Kassenstand am 31. Aug. 1904: 190 Mk. 36 Pf.
Einnahmen bis 18. April 1906: 180 „ — „
Ausgaben   „   „   „   „   39 „ 46 „
Kassenstand am „   „   „   330 „ 90 „

Auf Antrag der Rechnungsprüfer wurde seitens der Konferenz Prof. Kötzschke als Geschäftsführer und Kassenverwalter Entlastung erteilt.

Die dritte Sitzung, am 19. April nachmittags 4½ Uhr, wurde eröffnet durch die Beratungen über die Herausgabe von Münzwerken. Der erste Berichterstatter, Prof. Menadier (Berlin) knüpfte an den Vortrag von Knapp an, der am Abend vorher in öffentlicher Versammlung des Historikertages stattgefunden hatte, und stellte im Gegensatz zu der darin ausgesprochenen Überschätzung der Staatsgewalt fest, daß die älteste bisher überhaupt bekannte Münze nach der herrschenden Ansicht von einem griechischen Bankier herrühre. Auch das merowingische Geld werde namentlich von den Franzosen für Privatgeld erklärt, denn es gäbe nahezu 1000 Münzstätten, und die Königsmünzen seien gegenüber denen, welche nur einen Monetar nennen, recht gering an Zahl. Zum Gegenstand selbst übergehend, behandelte der Redner die Münzen als selbständige geschichtliche Quellen, insofern sie Tatsachen berichten: so ist z. B. die Existenz des Palatin Roland einzig durch das Vorhandensein einer von ihm herrührenden Münze voll bezeugt. Und dasselbe gilt für viele andere Tatsachen, die teils nur durch Vermittlung der Münzen festzustellen sind, teils durch eine solche besser gestützt werden. Diese Ergänzungen lehren, wie wichtig eine systematische umfassende Münzbeschreibung ist und machen sie zu einer Notwendigkeit. Eine früher in Hannover eingesetzte Kommission behufs Schaffung eines Corpus nummorum Germanicorum hat nichts getan, auch die Akademien der Wissenschaften sind für eine solche Arbeit nicht zu gewinnen, bis endlich die landesgeschichtlichen Publikationsinstitute sich der Aufgabe unterzogen haben, deren Arbeit durch die gebotene räumliche Beschränkung erleichtert wird, wenn auch die Abgrenzung der Gebiete gewisse Schwierigkeiten bereitet. Die brandenburgischen Münzen bis 1640 hat Bahrfeldt beschrieben, die des Großen Kurfürsten sind noch nicht bearbeitet, aber die des preußischen Königtums liegen wiederum vor;

ferner haben die Münzen Belgiens, Schlesiens und Frankfurts Bearbeiter gefunden. In Württemberg wird das Werk von Binder neu herausgegeben, in Baden ist die Arbeit Julius Cahn übertragen worden, für Köln, Trier und Aachen ist sie ebenfalls seitens der Stadtverwaltungen in Angriff genommen. Für die Bearbeitung solcher Münzwerke sollten folgende Gesichtspunkte maßgebend sein. Zuerst gilt es das Corpus herzustellen, knappe Beschreibungen zu geben, und zwar in geschichtlicher Ordnung. Eine rein zeitliche Folge ist nicht angebracht, vielmehr gilt es, sachlich zu trennen, Gold, Kurant und Scheidemünzen gesondert zu behandeln; die Stempelvarianten sind der Zahl nach anzugeben. Dagegen wäre es fehlerhaft, die Stempelschneider, Münzmeister oder Münzorte als Einteilungsgrund zu wählen, da die genannten Personen nur ausführende Organe sind und die Münzstätten — außer im frühen Mittelalter — nur geringe Bedeutung besitzen. Schließlich hat sich der Bearbeiter auf die Münzen zu beschränken und münzenähnliche Stücke (Stadtmarken u. dgl.) wegzulassen oder höchstens in einem Anhang zu behandeln. — Dasselbe gilt für die Medaillen, da diese anfangs gegossen und erst später geprägt worden sind.

Im Gegensatze zu diesen allgemeinen Ausführungen entwickelte Bruno Kuske (Köln), der im Auftrage der Stadt Köln die Kölner Münzurkunden und -akten bearbeitet, sein Arbeitsprogramm unter besonderer Betonung dessen, was der Historiker von einem Münzwerke zu verlangen hat. Ein Münzwerk muß, so führte er aus, dem Historiker sowohl **Münzkunde** als auch **Münzgeschichte** bieten.

Die Münzkunde befaßt sich mit dem Äußeren der Münze in der Vergangenheit und stellt dieses systematisch dar. Sie ist daher beschreibende Wissenschaft. Sie ist die Wissenschaft, die den größten Teil der Münzsammler allein interessiert, und allein von ihnen betrieben wird. Die Münzgeschichte zieht die inneren Eigenschaften der Münze in Betracht, ihre Funktionen als Geld. Sie stellt deshalb auch die technischen, wirtschaftlichen und rechtlichen Seiten des Münzwesens dar, und das muß sie tun im Zusammenhang mit den allgemeinen wirtschaftlichen Verhältnissen. Münzgeschichte ist zu einem sehr großen Teile auch Wirtschaftsgeschichte. Von ihr aus allein können namentlich die Fragen der Preisgeschichte gelöst werden. Ein Münzwerk muß gerade für die Preisgeschichte seines Gebietes die nötigen Grundlagen liefern.

Man kann aber über die eben aufgestellten Forderungen noch hinausgehen und der Ansicht sein, daß ein Münzwerk zugleich eine **Geldgeschichte** sein soll. Es soll nicht nur das staatlich gewährleistete Metallgeld behandeln, sondern auch alle anderen Formen des Geldes, d. h. besonders das Papiergeld und seine Surrogate, wie Anweisungen, Checks, Wechsel, Banknoten und schließlich Zahlungsformen, bei denen die Übergabe eines wertbesagenden

Objektes ausbleibt und bei denen nur übergebucht und verrechnet wird. Damit hängt dann weiter zusammen die Darstellung des Geldhandels, also insbesondere die der Entwicklung des Bankwesens und gewisser Teile des Börsenwesens, soweit sie sich auf den Verkehr mit Geld und Geldsurrogaten beziehen. Das Geldwechselgeschäft wird ja sowie so auch ein rein münzgeschichtliches Werk nicht unberücksichtigt lassen können.

Wird ein Münzwerk freilich zugleich als Geldgeschichte gedacht, so bekommt es einen vielumfassenderen und allgemeineren Charakter. Der Name Corpus nummorum dürfte dann dafür nicht mehr anwendbar sein. Man müßte ihn mindestens mit einem Zusatz versehen, der auf die erweiterte Aufgabe des Werkes hinweist.

Das ist ja auch geboten, wenn die Medaillen berücksichtigt werden.

Die speziellere Skizzierung der Anforderungen, die an ein Münzwerk zu stellen sind, möchte ich an der Hand unseres Kölner Planes und unserer Kölner Erfahrungen vornehmen.

Unser Corpus nummorum ist in drei Teilen nebst einem Anhang, der die Medaillen behandeln soll, geplant. Von den drei Teilen ist der erste beschreibend, der zweite ist der Quellenband und der dritte darstellend.

Der beschreibende Teil soll eine genaue und möglichst lückenlose chronologische Ordnung und Beschreibung, sowie eine größere Auswahl von Abbildungen der Münzen enthalten. Besonders wichtig ist dabei, daß zugleich immer die Feststellung von Schrot und Korn, des Namens und des Wertes der Münze erfolgt. Der beschreibende Teil kann der allgemeineren Geschichtsforschung nur dienen und die Grundlage einer Münzgeschichte liefern, wenn alle diese Forderungen streng erfüllt werden.

Der Quellenband hat sowohl dem beschreibenden als dem herstellenden Teil möglichste Unterstützung zu bringen. Tatsächlich hat die ausführliche Zusammenstellung und Verwertung der Quellen nach unseren Erfahrungen dem beschreibenden Numismatiker große Dienste geleistet und ihm bei der Bearbeitung seiner metallenen Quellen wichtige Aufschlüsse gegeben.

Die Grundlage des Quellenbandes wird durch die offiziellen Dokumente zur Beeinflussung der Ausprägung und des Umlaufes gebildet, die münzgeschichtlich die meiste Ausbeute gewähren. Es kommen hier in erster Linie die Münzverträge des Gebietes in betracht. Für Köln sind das die rheinischen Münzverträge und zwar zuerst alle die, an denen der Erzbischof und die Stadt Köln beteiligt waren. Sie haben das Münzwesen des Gebietes am unmittelbarsten beeinflußt. Daneben sind aber auch die zu berücksichtigen, die von auswärtigen Gewalten abgeschlossen wurden und von denen sich doch eine Beeinflussung der heimischen Münzverhält=

nisse nachweisen läßt. Für Köln sind das z. B. vor allem Verträge zwischen Mainz und Pfalz, die häufig die Grundlagen zu großen rheinischen Einungen bildeten. — Bei der Vorbereitung der Publikation der Verträge ist nach den allgemeinen Prinzipien der Urkundenedition zu verfahren. Es ist jedoch ratsam, wenn dabei eine Konkordanz hergestellt wird. Die aufeinanderfolgenden Verträge sind ja voneinander abhängig und bilden eine inhaltlich zusammenhängende Reihe. Der jüngere Vertrag weist ganze Paragraphenserien seiner Vorläufer auf. Daher sind die sich dort wiederholenden Abschnitte nicht in extenso zu bringen, sondern durch Verweise auf die früheren Verträge zu ersetzen. Dadurch wird dem Besitzer viel zeitraubende vergleichende Arbeit und die gegenseitige Abhängigkeit der Verträge und ihre Entwicklung sofort in der Publikation klargestellt.

Über die Praxis des Geldumlaufes geben besonders Münzordnungen Aufschluß, die im Gefolge der Verträge oder auch ohne erkennbaren Zusammenhang mit ihnen erlassen wurden. Besondere Beachtung verdienen die häufig darin enthaltenen Valvationstabellen wegen der durch sie möglichen Ermittlung des gegenseitigen Wertverhältnisses zwischen heimischen und fremden Münzen. Die Art der zirkulierenden Münzen geht auch aus detaillierten Zahlungsbeschreibungen in Urkunden, aus Depotscheinen und polizeilichen Untersuchungsberichten über den Geldumlauf hervor.

Zu Verträgen und Ordnungen kommen Verhandlungsberichte und Abschiede von Probationstagen, die häufig mit Aufzeichnungen über Menge und Qualität der ausgeprägten Münzen verbunden sind. Solche liegen auch vor in den Geschäftsbüchern der Münzmeister und Wardeine und in den Notizen der Asseimeister.

Für die Erkenntnis der Entstehung und der Durchführung der Verträge und Abmachungen sind ihre Vor- und Nachakten wichtig.

Als Quellenarten kommen weiter in betracht: Korrespondenzen in Münzangelegenheiten, Bestallungen und Reversbriefe von Münzbeamten, Prozeßakten (betr. Falschmünzerei oder verbotene Beeinflussung des Münzumlaufes), Verleihungsurkunden und Urkunden und Akten der Hausgenossen.

Aufzunehmen sind besonders auch die Quellen zur Geschichte der Münztechnik, die in Rezepten, Unkostenberechnungen und anderen Aufzeichnungen der Münzmeister enthalten sind (sogar mit zeichnerischer Darstellung technischer Vorgänge. — 15. Jahrh. u. ff.). Allgemeiner geldgeschichtlicher Natur sind dann die Quellen, die den Geldwechsel, Edelmetallgewinnung und Handel, Anweisungen, Wechsel ans Bank-Börsenwesen betreffen.

Für die mittelalterlichen Quellen sind die üblichen Editionsgrundsätze maßgebend. Man gibt einen großen Teil des Materials in extenso, und nur das inhaltlich ärmere im Auszug. Bei der Publikation der neuzeitlichen Quellen wird auch hier die Frage nach der Art wie sie zu erfolgen hat, aufgerollt, und es ergibt sich bei der großen Fülle des Stoffes, daß der Auszug die Regel sein muß. Zahlreiche Stücke, die im mittelalterlichen Teil größere Beachtung finden würden, sind nur zu verzeichnen oder überhaupt unberücksichtigt zu lassen. Der darstellende Teil hat sich mit der Entwicklung von Münzrecht, Münzpolitik, Technik und besonders mit den wirtschaftlichen Funktionen des Geldes zu befassen. Sehr wichtig ist in letzterer Beziehung die Frage nach der Kaufkraft des Geldes. Die Entwicklung der Kaufkraft des Geldes ist ja zugleich die Entwicklung des objektiven Wertes der Güter, und die Gewinnung ihrer Erkenntnis ist das Ziel der Preisgeschichte, also eines Zweiges der Wirtschaftsgeschichte im ganzen. Die Preisgeschichte deckt sich also nicht mehr mit der Geldgeschichte. Diese beiden Begriffe kreuzen einander vielmehr nur. Daher hat auch der darstellende Teil eines Münzwerkes auf die völlige Lösung der preisgeschichtlichen Probleme zu verzichten. Er hat der wirtschaftsgeschichtlichen Forschung in dieser Beziehung nur alles Material zu liefern, was sie auf der Seite des Geldes nötig hat. Die Ermittlung der Preise und ihrer Entwicklung muß diese selbst besorgen. Eine große Schwierigkeit liegt hier auch darin, daß meist erst noch umfassende und langwierige Untersuchungen über die Maße notwendig sind. In früheren Zeiten hatte ja jedes Gut sein besonderes individuelles Maß. Der Preisgeschichte muß nicht nur ein Münz-, sondern auch eine Maßgeschichte vorausgehen. Diese kann aber nicht auch vom Numismatiker geschrieben werden.

Die beste Form, in der das Münzwerk der preisgeschichtlichen Forschung Material zur Verfügung stellen kann, bietet die Tabelle.

Eine erste Tabelle hat eine Übersicht der Entwicklung des Verhältnisses zu bieten, in dem die im Gebiet geprägten Sorten zu einander standen, oder die Zahlungsmünzen zu den Rechnungsmünzen, also z. B. des Verhältnisses zwischen Goldgulden und Albus, Taler und Albus, Albus und Heller, Goldgulden und Mark und Schilling.

Weiter ist ein Überblick über das Verhältnis der heimischen Münzen zu den neben ihnen im Gebiete kursierenden fremden zu geben und schließlich eine Tabelle, die die Entwicklung des Feingehaltes der wichtigsten Sorten veranschaulicht, also z. B. von Goldgulden und Albus. Das hat in absoluten Gewichtsmengen zu geschehen. Damit ist dann einer Preisvergleichung soweit vorgearbeitet, daß nur noch die Menge des Preisgutes ermittelt zu werden braucht, damit die Gleichung möglich ist.

Wichtig ist endlich auch die Herstellung eines Sachregisters mit Glossar neben dem Orts= und Personenregister. Das Sachregister muß ein zuverlässiges Münzlexikon für das in Frage kommende Gebiet sein. Empfehlenswert ist daneben auch die Anlage besonderer Verzeichnisse der Münzbeamten und namentlich der Münzmeister mit ihren Zeichen.

In der Erörterung ging zuerst Julius Cahn (Frankfurt) auf den Vortrag Knapps vom Tage vorher ein und zeigte an der Hand des Reichsmünzgesetzes von 1232, daß seine Theorie sich **nicht auf die Geldverhältnisse der deutschen Vergangenheit an= wenden läßt.** Zu der ihm von der badischen Historischen Kommission zur Bearbeitung übertragenen „Münz= und Geldgeschichte der im Großherzogtum Baden vereinigten Gebiete" übergehend, legte er den Unterschied dar, der zwischen **Münzpublikationen**, in denen eine vollständige Zusammenstellung der numismatischen Denk= mäler dargeboten werden soll, und **geldgeschichtlichen Werken** zum Gebrauche von Historikern und Nationalökonomen bestehe. Den bezüglich ersterer von Menadier aufgestellten Leitsätzen stimmte er durchaus zu, bezeichnete es aber als Aufgabe einer Geldgeschichte, den jeweiligen Geldwert (d. h. den Metallgehalt der Münzen), das Rechnungswesen und den Wechselkurs der einzelnen Sorten zu be= stimmen; letzterer Art sei die badische Münz= und Geldgeschichte. Es komme hier darauf an, alle in den Quellen enthaltenen An= gaben, die sich auf das Münz= und Geldwesen des Gebietes be= ziehen, zu sammeln, sie unter Berücksichtigung der allgemeinen Wirt= schaftsgeschichte zu einer ausführlichen Darstellung zu verarbeiten und durch Bearbeitung möglichst genauer Tabellen das geforderte Hilfsmittel herzustellen. Eine Ergänzung dazu solle lediglich die Beschreibung, Erklärung und Abbildung der **hauptsächlichsten Münztypen.** soweit sie für die geschilderte Entwicklung von Be= deutung seien, bilden, während in einem dritten Teile die wichtigsten **Urkunden** veröffentlicht werden würden. Das in Baden ein= geschlagene Verfahren sei ein ganz anderes als z. B. das in Köln gewählte, aber auch der Zweck beider sei verschieden. — Prof. Lamp= recht (Leipzig) bezeichnete ein Verfahren, wie das von der Badischen historischen Kommission beabsichtigte, als unwissenschaftlich, wandte sich ebenfalls gegen die Theorie von Knapp und forderte, im Gegen= satz zu Menadier, eine Behandlung der Medaillen, wenigstens in einem Anhange, nachdrücklich wegen ihres kunstgeschichtlichen Wertes. — Anknüpfend an das von Kuske entwickelte Programm erklärte Prof. Luschin v. Ebengreuth (Graz), nach seiner Über= zeugung bilde die **Preisgeschichte** das letzte Ziel aller **münz= geschichtlichen** Untersuchungen, aber auf Grund seiner eigenen Erfahrungen müsse er die Möglichkeit bezweifeln, ganz allgemein die Kaufkraft der Münzen für das Mittelalter darzustellen; am

Rheine sei es vielleicht denkbar, in den Alpenländern aber zweifellos nicht.

Entscheidend für jede solche Publikation sei, wer die Aufgabe stelle, wie groß die Mittel seien und welchen Umfang das Werk haben dürfe. Für Köln sei gewiß eine Geldgeschichte gut und notwendig, für andere Territorien vielleicht weniger wichtig.

Als letzter Gegenstand kam die Publikation von Quellen zur städtischen Rechts- und Wirtschaftsgeschichte zur Besprechung. Der Berichterstatter Stadtarchivar Overmann (Erfurt) kennzeichnete in einem eingehenden Vortrage, der jetzt vollständig gedruckt („Deutsche Geschichtsblätter" 7. Bd., S. 263—274) vorliegt, die neueren Publikationen von Stadtrechtsquellen und stellte folgende Grundsätze für die Publikation von Quellen zur städtischen Rechts- und Wirtschaftsgeschichte auf:

1. Es ist notwendig, daß in die Publikation außer den Stadtrechten im engeren Sinne auch das gesamte Material zur Geschichte der Stadtverfassung und Stadtverwaltung und von den Quellen zur Wirtschaftsgeschichte wenigstens die auf die Zünfte und das Gewerbewesen bezüglichen aufgenommen werden.

2. Die Publikation darf sich nicht auf das Mittelalter beschränken, sondern muß bis zum Untergang der alten Stadtverfassungen (Ende des XVIII. oder Anfang des XIX. Jahrhunderts) ausgedehnt werden. Für die neuere Zeit wird das Material großenteils in Regestenform gegeben werden können.

3. Es ist bringend wünschenswert, daß der Publikation eine darstellende, ihre Ergebnisse sowie die Resultate weiterer Forschungen zur Stadtgeschichte verwertende Einleitung beigegeben wird.

Die späte Stunde gestattete leider eine Aussprache, die gerade bei diesem wichtigen Gegenstande notwendig gewesen wäre, nicht mehr, aber es ist bei der nächsten Tagung, die im Herbst 1907 in Dresden stattfinden wird, auf eine erneute Behandlung der hier berührten Fragen zu rechnen.

Unter dem Ausdruck des Dankes für alle Darbietungen in der Konferenz schloß der Vorsitzende deren Verhandlungen.

Dritter Anhang.

Mitteilung über den Leopold von Ranke-Verein.

In einem der anziehendsten und fruchtbarsten Teile des Unstrutlaufes liegt an den waldigen Höhenzug der Finne geschmiegt das freundliche Städtchen Wiehe. Hier steht das Haus, in dem am 21. Dezember 1795 der größte Geschichtsschreiber deutscher Nation, Leopold von Ranke, geboren wurde.

In diesem Hause, in diesem Städtchen, in einer Umgebung, die auf Schritt und Tritt an die großen Zeiten mittelalterlicher Geschichte, vor allem an das mächtige Geschlecht der Sachsenkaiser erinnert, ist der Mann herangewachsen, der seiner ganzen Zeit voranging auf dem Gebiete historischen Denkens, indem er für seine Wissenschaft die großen Richtlinien schuf, die von grundlegender Bedeutung bleiben werden.

Es ist wohl eine Pflicht der Dankbarkeit für die Bewohner des Städtchens, das dieser Große im Reiche des Geistes berühmt gemacht hat, für die Vertreter der historischen Wissenschaft, die so viel von ihrem besten Wissen und Können auf das Wesen und Wirken dieses Gelehrten zurückführen, für alle Freunde der Vergangenheit, die an der hohen Darstellungskunst dieses Geschichtschreibers sich erfreuten, schließlich für alle Deutschen, die in diesem Geistesheroen einen der Ersten unseres Volkes schätzen, die Stätten, die durch ihn geweiht sind, zu pflegen und zu ehren.

Darum ist eine Vereinigung begründet worden, die sich zur Aufgabe stellt: im Geburtshaus Leopold von Rankes in Wiehe ein Ranke-Museum zu errichten, das allen Besuchern das Leben und Wirken des großen Mannes in seiner Entwicklung veranschaulichen soll.

Die Familie von Ranke ist in hochherziger Weise uns entgegengekommen und hat bereits eine große Reihe von Ranke-Erinnerungen zur Verfügung gestellt; auch von anderer Seite ist uns Unterstützung geworden und zugesagt. Wir hegen die Hoffnung, daß noch weitere gütige Spender sich finden, die bedingungslos oder unter Vorbehalt des Eigentumsrechts oder schließlich testamentarisch dem Museum Zuwendungen zu machen bereit sind.

Wir haben vor allem aber die Zuversicht, daß der am 3. März 1906 in Wiehe begründete Leopold von Ranke=Verein überall bei denen Zustimmung finden wird, die dem Genius Rankes mit dem Gefühle der Dankbarkeit und Verehrung huldigen, und laden hiermit zum Beitritt zu unserm Verein ganz ergebenst ein.

Als Jahresbeitrag für den Verein ist die Summe von mindestens 3 Mark festgesetzt; ein einmaliger Beitrag von mindestens 20 Mark berechtigt zur Mitgliedschaft auf Lebenszeit. Die Mitglieder werden alljährlich über den Stand des Museums einen Bericht erhalten, dem je nach Bedarf kleine, auf Ranke bezügliche Abhandlungen beigegeben werden sollen. Auch die Mitgliedschaft wissenschaftlicher Körperschaften wird mit Freuden begrüßt.

Beitrittserklärungen sind zu richten an den Vorsitzenden des Vereins, Bürgermeister Kammradt in Wiehe.

Vierter Anhang.

Verzeichnis der Teilnehmer an der neunten Versammlung deutscher Historiker.

Nr.	Name	Titel und Stellung	Wohnort
1	Albert, Peter P.	Stadtarchivrat Prof. Dr.	Freiburg i. Br.
2	Arens, Franz	Dr.	Prag
3	Arnheim, Fritz	Privatgelehrter Dr.	Berlin
4	Baader	Vertreter des „Neuen Tagblattes" Dr.	Stuttgart
5	Baldamus, Alfred	Oberlehrer Professor Dr.	Leipzig-Gohlis
6	Barge, Hermann	Oberlehrer Dr.	Leipzig
7	Below, Georg von	Geh. Hofrat Universitätsprofessor Dr.	Freiburg i. Br.
8	Belschner, Chr.	Oberpräzeptor	Ludwigsburg
9	Berg, Martin	Oberlehrer	Königshütte
10	Bernays, J.	Archivassistent Dr.	Straßburg i. E.
11	Berner, von	Direktor	Stuttgart
12	Bloch, Hermann	Universitätsprofessor Dr.	Rostock
13	Blum, F.	Direktor Professor Dr.	Mannheim
14	Bossert, Gust.	Pfarrer D. und Dr.	Nabern
15	Brandenburg, E.	Universitätsprofessor Dr.	Leipzig
16	Breßlau, Harry	Universitätsprofessor Dr.	Straßburg i. E.
17	Busch, Wilhelm	Universitätsprofessor Dr.	Tübingen
18	Cahn, Julius	Numismatiker Dr.	Frankfurt a. M.
19	Cartellieri, Alex.	Universitätsprofessor Dr.	Jena
20	Cartellieri, Otto	Privatdozent Dr.	Heidelberg
21	Chroust, Anton	Universitätsprofessor Dr.	Würzburg
22	Curschmann, Fritz	Privatdozent Dr.	Greifswald
23	Dallinger, Paul	stud. jur.	Tübingen
24	Decker	Rektor	Korntal
25	Diehl	Oberpräzeptor Dr.	Leutkirch
26	Dieterich, Julius	Haus- u. Staatsarchiv. Dr.	Darmstadt
27	Dopsch, Alfons	Universitätsprofessor Dr.	Wien

Nr.	Name	Titel und Stellung	Wohnort
28	Dürr, Wilh.	Professor	Göppingen
29	Duncker, Max	Pfarrer	Belsen
30	Egelhaaf, Gottlob	Oberstudienrat Dr.	Stuttgart
31	Eisenmann, Louis	Universitätsprofessor Dr.	Dijon
32	Elias, Karl	Oberlehrer Dr.	Duisburg
33	Elkan, Albert	Dr. phil.	Haag
34	Ernst, Viktor	Professor Dr.	Stuttgart
35	Espinas, Georges	Archiviste au ministère des affaires étrangères	Paris
36	Fabricius, Ernst	Universitätsprofessor Dr.	Freiburg i. Br.
37	Fabricius, Knud	Oberlehrer Dr.	Kopenhagen
38	Finke, Heinrich	Hofrat Universitätsprofessor Dr.	Freiburg i. Br.
39	Forst, Hermann	Königl. Archivar a. D. Dr.	Zürich
40	Fuchs, Karl Joh.	Universitätsprofessor Dr.	Freiburg i. Br.
41	Gaiser	Dr. phil.	Lustnau b. Tüb.
42	Ganzenmüller, W.	cand. phil.	Tübingen
43	Gebhardt, Aug.	Privatdozent Dr.	Erlangen
44	Gerdes, Heinrich	Oberlehrer Professor Dr.	Bremen
45	Gloning	Redakteur d. schwäbischen Korrespondenzbureaus	Stuttgart
46	Gmelin, Hugo	Hofrat	Stuttgart
47	Goeßler	Dr. phil.	Stuttgart
48	Goetz, Walter	Universitätsprofessor Dr.	Tübingen
49	Gottlob, A.	Universitätsprof. a. D. Dr.	Bonn
50	Grotz, K.	Professor Dr.	Stuttgart
51	Grupp, Georg	Fürstl. Bibliothekar Dr.	Maihingen
52	Gundermann, Gotthold	Universitätsprofessor Dr.	Tübingen
53	Häcker	Professor Dr.	Nagold
54	Hansay, Alfred	Conservateur des Archives de l'Etat Dr. phil.	Hasselt
55	Hansen, Jos.	Archivdirektor Prof. Dr.	Köln
56	Harms, Bernh.	Privatdozent Dr.	Tübingen
57	Hartmann, Jul. v.	Oberstudienrat Dr.	Stuttgart
58	Hartmann, Ludo Moritz	Privatdozent Dr.	Wien
59	Hasenclever, Ad.	Privatdozent Dr.	Halle a. S.
60	Hauber, Anton	Hilfsarbeiter b. württ. hist. Kommission Dr.	Tübingen
61	Heck, Philipp	Universitätsprofessor Dr.	Tübingen

Nr.	Name	Titel und Stellung	Wohnort
62	Heerwagen, Heinr.	Vertreter d. germanischen Museums Dr.	Nürnberg
63	Heinrich, Otto	Lehramtskandidat	Donaueschingen
64	Heintzeler	Professor Dr.	Stuttgart
65	Heldmann, Karl	Universitätsprofessor Dr.	Halle a. S.
66	Hellmann, Sigm.	Privatdozent Dr.	München
67	Helmolt, Hans F.	Redakteur Dr.	Leipz.-Stötteritz
68	Hermelink	Dr.	Stuttgart
69	Herre, Paul	Dr.	Leipzig
70	Herwig, K. G.	Vertr. d. „Figaro"	Stuttgart
71	Heß, J.	Buchhändler	Stuttgart
72	Hessel	Mitarb. d. Mon. Germ. Dr.	Straßburg i. E.
73	Hesselmeyer	Gymnasialprofessor Dr.	Tübingen
74	Heussi, Karl	Dr.	Leipzig
75	Heymann, E. Joh.	stud. hist.	Freiburg i. Br.
76	Hilliger, Benno	Custos an der Univ.-Bibl. Dr.	Leipzig
77	Hölder, Karl	Gymnasiallehrer	Stuttgart
78	Hoffmann, Paul	Oberlehrer Professor Dr.	Frankenberg
79	Holl, Karl	Universitätsprofessor Dr.	Tübingen
80	Holtzmann, Robert	Privatdozent Dr.	Straßburg i. E.
81	Hürbin, Josef	Gymnasialrektor Dr.	Luzern
82	Ilberg, Johannes	Professor Dr.	Leipzig
83	Jacob, Karl	Universitätsprofessor Dr.	Tübingen
84	Jäsche, Aug. v.	Privatier	Stuttgart
85	Jansen, Max	Privatdozent Dr.	München
86	Jung, Jul.	Universitätsprofessor Dr.	Prag
87	Karg-Bebenburg Frhr. v.	Privatgelehrter	München
88	Kaerst, Julius	Universitätsprofessor Dr.	Würzburg
89	Kaufmann, Georg	Universitätsprofessor Dr.	Breslau
90	Kaufmann, Hans	stud. jur.	Freiburg i. Br.
91	Kawerau, Fritz	Oberlehrer	Rogasen i. Pos.
92	Kemmerich, Max	Dr. phil.	München
93	Kern, Fritz	stud. hist.	Berlin
94	Keutgen, Friedrich	Universitätsprofessor Dr.	Jena
95	Kirchhammer, Alexander	Feldmarschallleutnant	Wien
96	Knapp, Eberh.	Professor	Stuttgart
97	Knapp, Georg Friedrich	Universitätsprofessor Dr.	Straßburg i. E.

Nr.	Name	Titel und Stellung	Wohnort
98	Knapp, Theodor	Gymnasialrektor Dr.	Tübingen
99	Rober, Erich	stud. hist.	Freiburg i. Br.
100	Kolbe, Theodor	Universitätsprofessor Dr.	Erlangen
101	Kornemann, Ernst	Universitätsprofessor Dr.	Tübingen
102	Kötzschke, Rudolf	Universitätsprofessor Dr.	Leipzig
103	Krauß, Rudolf	Archivrat Dr.	Stuttgart
104	Krehl, Alfred	cand. phil.	Eßlingen
105	Krimmel, Otto	Professor	Stuttgart
106	Künzel, Georg	Prof. a. d. Akademie Dr.	Frankfurt a. M.
107	Kgl. Kultusminist.		Stuttgart
108	Kuske, Bruno	Dr.	Köln
109	Lachenmaier, G.	Gymnasialprofessor	Stuttgart
110	Lahusen, Johann.	stud. hist.	Freiburg i. Br.
111	Lang, Gustav	Professor Dr.	Heilbronn
112	Lenel, Paul	cand. rer. pol.	Straßburg i. E.
113	Lenel, W.	Dr.	Straßburg i. E.
114	Liebermann, Felix	Professor Dr.	Berlin
115	Lindner, Theodor	Geheimr. Univ.-Prof. Dr.	Halle a. S.
116	Lörcher, Adolf	Oberlehrer	Halle a. S.
117	Lotter, Karl	Pfleger d. Germ. Museums	Stuttgart
118	Luckwaldt, Friedr.	Privatdozent Dr.	Bonn
119	Luschin v. Ebengreuth, Arnold	Universitätsprofessor Dr.	Graz
120	Marx, Ernst	Professor a. d. technischen Hochschule Dr.	Stuttgart
121	Mattes	Gemeinderat Dr.	Stuttgart
122	Mehring	Oberarchivassessor Dr.	Stuttgart
123	Meinecke, Friedrich	Universitätsprofessor Dr.	Freiburg i. Br.
124	Meister, Aloys	Universitätsprofessor Dr.	Münster i. W.
125	Menadier, Julius	Direktor des kgl. Münzkabinetts Dr.	Berlin
126	Mentz, Georg	Universitätsprofessor Dr.	Jena
127	Meyer von Knonau, Gerold	Universitätsprofessor Dr.	Zürich
128	Meyer, H. B.	Dr. phil.	Leipzig
129	Mohl	Professor	Stuttgart
130	Mollwo, Karl	Dr. phil.	Tübingen
131	Müller, Karl	Universitätsprofessor Dr.	Tübingen
132	Naumann, Erik	cand. phil.	Gothenburg
133	Neumann, Karl	Universitätsprofessor Dr.	Kiel
134	Ockel, Hans	Gymnasiallehrer Dr.	Augsburg
135	Ohr, Wilhelm	Privatdozent Dr.	Tübingen

Nr.	Name	Titel und Stellung	Wohnort
136	Ohr-Bindschedler	Dr.	Tübingen
137	Oncken, August	Universitätsprofessor Dr.	Bern
138	Oppermann, Otto	Universitätsprofessor Dr.	Utrecht
139	Overmann, Alfred	Stadtarchivar Dr.	Erfurt
140	Pirenne, Henri	Universitätsprofessor Dr.	Gent
141	Pfister, Albert v.	Generalmajor z. D. Dr.	Stuttgart
142	Reck, Karl	Red. d. Staatsanzeigers	Stuttgart
143	Redlich, Oswald	Universitätsprofessor Dr.	Wien
144	Reicke, Emil	Custos d. städt. Bibl. Dr.	Nürnberg
145	Reiff, Theodor	Oberpräzeptor	Korntal
146	Reik	Oberpräzeptor Dr.	Stuttgart
147	Richter, K.	Professor Dr.	Stuttgart
148	Rietschel, Siegfr.	Universitätsprofessor Dr.	Tübingen
149	Rümelin, Max v.	Prof. Dr. Rektor d. Universität	Tübingen
150	Sakmann	Gymnasialprofessor Dr.	Stuttgart
151	Salomon, Felix	Universitätsprofessor Dr.	Leipzig
152	Schäfer, Dietrich	Universitätsprofessor Dr.	Berlin
153	Schermann	Dr. phil.	Stuttgart
154	Schmidt, Rich.	Geh. Hofrat Universitätsprofessor Dr.	Freiburg i. Br.
155	Schneider, Eugen von	Direktor d. kgl. Haus- und Staatsarchivs Dr.	Stuttgart
156	Schöttle, G.	Postrat Dr.	Tübingen
157	Schott	Rektor Dr.	Augsburg
158	Schulte, Aloys	Universitätsprofessor Dr.	Bonn
159	Schultze, Alfred	Universitätsprofessor Dr.	Freiburg i. Br.
160	Schulz, O. Th.	Privatdozent Dr.	Leipzig
161	Schwemer, Rich.	Oberlehrer Professor Dr.	Frankfurt a. M.
162	Sigwart, Georg	Hilfslehrer	Ulm
163	Simson, Paul	Oberlehrer Dr.	Danzig
164	Sorgenfrey, Th.	Oberlehrer Professor Dr.	Neuhaldensleben
165	Stahlecker, D. R.	Gymnasialprofessor	Tübingen
166	Steiff, Karl von	Oberstudienrat Dr.	Stuttgart
167	Straub, L.	Oberstudienrat Dr.	Stuttgart
168	Stromer-Reichenbach, Frhr. von		München
169	Stumpf von	Präsident	Stuttgart
170	Stumpf, G.	Finanzrat a. D.	Stuttgart
171	Tille, Armin	Dr. phil.	Leipzig
172	Thudichum, Friedrich von	Universitätsprofessor a.D. Dr.	Tübingen

Nr.	Name	Titel und Stellung	Wohnort
173	Violet, Franz	Oberlehrer Dr.	Berlin
174	Vogt, Ernst	Privatdozent Dr.	Gießen
175	Wahl, Adalbert	Universitätsprofessor Dr.	Freiburg i. Br.
176	Weismann, Otto	Oberpräzeptor	Stuttgart
177	Weizsäcker, Karl v.	Exz. Staatsminister Dr.	Stuttgart
178	Weller, Karl	Oberpräzeptor Dr.	Öhringen
179	Wendland, W.	Oberlehrer Dr.	Celle
180	Wertheimer, Fritz	Dr.	Bruchsal
181	Wild, Karl	Prof. a. d. höh. Mädchenschule Dr.	Heidelberg
182	Wildt, H.	Hofbuchhändler	Stuttgart
183	Wimarson, N. G.	Privatdozent Dr.	Lund
184	Windelband, W.	stud. hist.	Heidelberg
185	Wintterlin, Friedr.	Archivrat Dr.	Stuttgart
186	Wittich, Werner	Universitätsprofessor Dr.	Straßburg i. E.
187	Wolfram, Ludwig	Gymnasialprofessor Dr.	Bamberg
188	Wolfram, Georg	Geh. Archivrat Dr.	Metz
189	Ziegler	Professor	Stuttgart
190	Zoepf, Ludwig	stud. hist.	Tübingen

Fünfter Anhang.

Mitglieder des Verbandes deutscher Historiker
im Jahre 1906.

Nr.	Name	Titel und Stellung	Wohnort
1	Albert, Peter P.	Stadtarchivrat Prof. Dr.	Freiburg i. Br.
2	Arens, Franz	Dr. phil.	Prag
3	Arnheim, Fritz	Privatgelehrter Dr. phil.	Berlin
4	Bachmann, Adolf	Universitätsprofessor Dr.	Prag
5	Baldamus, Alfred	Oberlehrer Professor Dr.	Leipzig-Gohlis
6	Barge, Hermann	Oberlehrer Dr.	Leipzig
7	Beckmann, Gustav	Privatdozent Dr.	München
8	Below, Georg von	Geh. Hofrat Universitätsprofessor Dr.	Freiburg i. Br.
9	Berger, Arnold	Hochschulprofessor Dr.	Darmstadt
10	Bernays, J.	Archivassistent Dr.	Straßburg i. E.
11	Bertololy, Ernst	Reallehrer Professor Dr.	Memmingen
12	Biermer, Magnus	Universitätsprofessor Dr.	Gießen
13	Bloch, Hermann	Universitätsprofessor Dr.	Rostock i. M.
14	Blum, F.	Direktor Professor Dr.	Mannheim
15	Böckel, Ernst	Gymnasialdirektor Dr.	Heidelberg
16	Borchgrave, Baron	Kgl. Belg. Gesandter Exz.	Wien
17	Borries, Emil v.	Oberlehrer Professor Dr.	Straßburg i. E.
18	Bossert, Gust.	Pfarrer D. und Dr.	Nabern (Württ.)
19	Brabant, Artur	Kgl. Archivsekretär Dr.	Nürnberg
20	Brandenburg, E.	Universitätsprofessor Dr.	Leipzig
21	Breßlau, Harry	Universitätsprofessor Dr.	Straßburg i. E.
22	Brunner, Karl	Gymnasialprofessor Dr.	Pforzheim
23	Bühring, Joh.	Gymnasialprofessor Dr.	Elberfeld
24	Busch, Wilhelm	Universitätsprofessor Dr.	Tübingen
25	Cahn, Julius	Numismatiker Dr.	Frankfurt a. M.
26	Caro, Georg	Privatdozent Dr.	Zürich
27	Cartellieri, Alex.	Universitätsprofessor Dr.	Jena
28	Chroust, Anton	Universitätsprofessor Dr.	Würzburg

Nr.	Name	Titel und Stellung	Wohnort
29	Conrad, Gustav	Univ.-Bibliothekar Dr.	Halle a. S.
30	Darmstaedter, P.	Professor Dr.	Friedenau bei Berlin
31	Diemar, Herm.	Privatdozent Prof. Dr.	Marburg i. H.
32	Dopsch, Alfons	Universitätsprofessor Dr.	Wien
33	Doren, Alfred	Privatdozent Dr.	Leipzig
34	Düning	Professor Dr.	Quedlinburg
35	Dürr, Wilh.	Professor	Göppingen
36	Egelhaaf, Gottlob	Oberstudienrat Dr.	Stuttgart
37	Eiber, Eugen	Kgl. Realschulrektor Dr.	Neuburg a. D.
38	Eisenmann, Louis	Universitätsprofessor Dr.	Dijon (Frankr.)
39	Elias, Karl	Oberlehrer Dr.	Duisburg
40	Elkan, Alb.	Dr.	Haag
41	Ellissen, Otto Adalbert	Oberlehrer Dr. phil.	Einbeck (Hann.)
42	Erben, Wilh.	Hofrat Univ.-Prof. Dr.	Innsbruck
43	Fabricius, Ernst	Universitätsprofessor Dr.	Freiburg i. Br.
44	Finke, Heinrich	Hofrat Univ.-Prof. Dr.	Freiburg i. Br.
45	Fischer, William	Konrektor am kgl. Gymnasium Professor Dr.	Plauen i. Vogtl.
46	Forst, Hermann	Königl. Archivar a. D. Dr. phil.	Zürich
47	Fredericq, Paul	Universitätsprofessor Dr.	Gent
48	Fuchs, Karl Joh.	Universitätsprofessor Dr.	Freiburg i. Br.
49	Gebhardt, August	Privatdozent Dr.	Erlangen
50	Geffcken, Heinrich	Professor a. d. Handelshochschule Dr.	Köln
51	Genootschap, Hist.		Utrecht
52	Geß, Felician	Professor a. d. technischen Hochschule Dr.	Dresden
53	Giannoni, Karl	Sekretär d. Archivs des k. k. Finanzministeriums in Wien Dr.	Mödling b. Wien
54	Giesecke, Alfred	Verlagsbuchhändler Dr.	Leipzig
55	Gmelin, Julius	Pfarrer Dr.	Gr.-Gartach bei Heilbronn
56	Goetz, Walter	Universitätsprofessor Dr.	Tübingen
57	Gottl, Friedr.	Hochschulprofessor Dr.	Brünn (Mähren)
58	Gottlob, A.	Universitätsprof. a. D. Dr.	Bonn
59	Grauert, Herm.	Universitätsprofessor Dr.	München
60	Großmann, Julius	Geh. Archivrat Kgl. Hausarchivar a. D. Dr.	Dobbrikow (Kr. Luckenwalde)

Nr.	Name	Titel und Stellung	Wohnort
61	Grünberg, Karl	Universitätsprofessor Dr.	Wien
62	Grupp, Georg	Fürstl. Bibliothekar Dr.	Maihingen
63	Hampe, Karl	Universitätsprofessor Dr.	Heidelberg
64	Hansen, Josef	Archivdirektor Prof. Dr.	Köln
65	Hartmann, Ludo Moritz	Privatdozent Dr.	Wien
66	Hase, Oskar von	Hofrat Dr.	Leipzig
67	Hasenclever, Ad.	Privatdozent Dr. phil.	Halle a. S.
68	Hauber, Anton	Hilfsarbeiter b. b. württ. hist. Kommission Dr.	Tübingen
69	Heerwagen, Heinr.	Dr., Archivar am Germ. National-Museum	Nürnberg
70	Heigel, K. Th. von	Universitätsprofessor Geheimrat Dr.	München
71	Heldmann, Karl	Universitätsprofessor Dr.	Halle a. S.
72	Helmolt, Hans F.	Redakteur Dr.	Leipz.-Stötteritz
73	Herre, Paul	Privatdozent Dr. phil.	Leipzig
74	Herrmann, August	Professor Dr.	St. Pölten
75	Herzberg-Fränkel	Universitätsprofessor Dr.	Czernowitz (Bokuwina)
76	Heussi, Karl	Dr. phil.	Leipzig
77	Hilliger, Benno	Dr. Custos b. Univ.-Bibl.	Leipzig
78	Hirsch, R.	Dr. phil.	Leipzig
79	Hoeniger, Robert	Professor Dr.	Berlin
80	Hoffmann, Paul	Realschuloberlehrer Professor Dr.	Frankenberg i. S.
81	Holtzmann, Robert	Privatdozent Dr.	Straßburg i. E.
82	Hürbin, Josef	Gymnasialrektor Dr.	Luzern
83	Ilgen, Theod.	Kgl. Archivdirekt. Archivrat Dr.	Düsseldorf
84	Jacob, Karl	Universitätsprofessor Dr.	Tübingen
85	Jaeger, Oskar	Universitätsprofessor Geh. Regierungsrat Dr.	Bonn
86	Jansen, Max	Privatdozent Dr.	München
87	Jung, Rudolf	Archivdirektor Dr.	Frankfurt a. M.
88	Kaerst, Julius	Universitätsprofessor Dr.	Würzburg
89	Kampers, Franz	Universitätsprofessor Dr.	Breslau
90	Kappes, Anton	Dr. phil.	Graz
91	Kartels, Josef	Stadtarchivar Dr.	Soest i. W.
92	Karg-Bebenburg, Frhr. von	Privatgelehrter	München
93	Kaser, Kurt	Privatdozent Dr.	Wien

Nr.	Name	Titel und Stellung	Wohnort
94	Kaufmann, Georg	Universitätsprofessor Dr.	Breslau
95	Kehrmann, Karl	Professor Dr.	Bonn
96	Keller, C.	Direktor Dr.	Frankfurt a. M.
97	Kemmerich, Max	Dr. phil.	München
98	Keutgen, Friedrich	Universitätsprofessor Dr.	Jena
99	Kirchhammer, Alexander	Feldmarschall-Leutnant	Wien
100	Kleinschmidt, Artur	Hofrat Professor Dr.	Dessau
101	Knapp, Eberh.	Professor	Stuttgart
102	Knapp, Georg Friedrich	Universitätsprofessor Dr.	Straßburg i. E.
103	Knapp, Theodor	Gymnasialrektor Dr.	Tübingen
104	Knöpfler, J.	Kgl. Kreisarchivsekret. Dr.	Amberg
105	Koehne, Karl	Privatdozent a. d. technischen Hochschule Dr.	Berlin
106	Kötzschke, Rudolf	Universitätsprofessor Dr.	Leipzig
107	Kolde, Theodor	Universitätsprofessor Dr.	Erlangen
108	Kornemann, Ernst	Universitätsprofessor Dr.	Tübingen
109	Krauß, Rudolf	Archivrat Dr.	Stuttgart
110	Krieger, Albert	Geh. Archivrat Dr.	Karlsruhe
111	Krimmel, Otto	Professor	Stuttgart
112	Kröger, J.	Oberlehrer Professor Dr.	Elberfeld
113	Krüger, Gustav	Universitätsprofessor Dr.	Gießen
114	Küntzel, Georg	Prof. d. Akademie Dr.	Frankfurt a. M.
115	Kurze, Friedrich	Oberlehrer Dr.	Berlin
116	Kuske, Bruno	Dr. phil.	Köln
117	Lamprecht, Karl	Universitätsprofessor Geh. Hofrat Dr.	Leipzig
118	Lechner, Johann	Universitätsprofessor Dr.	Innsbruck
119	Lehmann-Haupt, Karl F.	Universitätsprofessor Dr.	Berlin
120	Leidinger, Georg	Sekretär a. d. kgl. Hof- und Staatsbibliothek	München
121	Liebermann, Felix	Professor Dr.	Berlin
122	Lindner, Theodor	Universitätsprofessor Geheimrat Dr.	Halle a. S.
123	Lindt, K.	Oberlehrer Professor Dr.	Darmstadt
124	Lobeck, Otto	Professor Dr.	Dresden
125	Lörcher, Adolf	Oberlehrer	Halle a. S.
126	Loersch, Hugo	Universitätsprofessor Geh. Justizrat Dr.	Bonn

Nr.	Name	Titel und Stellung	Wohnort
127	Loesche, Georg	Universitätsprofessor Regierungsrat Dr.	Wien
128	Lohmeyer, Karl	Universitätsprofessor Dr.	Königsberg i. Pr.
129	Luschin v. Ebengreuth, Arnold	Universitätsprofessor Hofrat Dr.	Graz
130	Mahl-Schebl von Alpenburg, Franz Jos.	Ministerialrat im k. k. Ministerium b. Innern Dr.	Wien
131	Marcks, Erich	Universitätsprofessor Hofrat Dr.	Heidelberg
132	Martens, Wilhelm	Gymnasialprofessor Dr.	Konstanz
133	Marx, Ernst	Hochschulprofessor Dr.	Stuttgart
134	Mayer, Fr. Martin	Direktor b. Landes-Oberrealschule Dr.	Graz
135	Mayr, Michael	Archivdirektor und Universitätsprofessor Dr.	Innsbruck
136	Meinecke, Friedrich	Universitätsprofessor Dr.	Freiburg i. Br.
137	Meister, Aloys	Universitätsprofessor Dr.	Münster i. W.
138	Mell, Anton	Archivdirektor Prof. Dr.	Graz
139	Mentz, Georg	Universitätsprofessor Dr.	Jena
140	Meyer, Eduard	Universitätsprofessor Dr.	Gr.-Lichterfelde [b. Berlin
141	Meyer von Knonau, Gerold	Universitätsprofessor Dr.	Zürich
142	Michael, Wolfgang	Universitätsprofessor Dr.	Freiburg i. Br.
143	Moldenhauer, Franz	Gymnasialoberl. Professor	Köln
144	Mollwo, Karl	Privatdozent Dr. phil.	Danzig
145	Müller, Hermann	Gymnasialprof. a. D. Dr.	Prenzlau
146	Müller, Karl	Universitätsprofessor Dr.	Tübingen
147	Neumann, Karl Johannes	Universitätsprofessor Dr.	Straßburg i. E.
148	Ohr, Wilhelm	Privatdozent Dr.	Tübingen
149	Ohr-Bindscheler, H.	Pfarrer a. D.	Tübingen
150	Oncken, August	Universitätsprofessor Dr.	Bern
151	Oppermann, Otto	Universitätsprofessor Dr.	Utrecht (Holl.)
152	Ottenthal, Emil v.	Universitätsprofessor Dr.	Wien
153	Overmann, Alfred	Stadtarchivar Dr.	Erfurt
154	Pirenne, Henri	Universitätsprofessor Dr.	Gent
155	Prem, S. M.	Gymnasialprofessor Dr.	Graz
156	Preuß, Georg Fr.	Privatdozent Dr. phil.	München

Nr.	Name	Titel und Stellung	Wohnort
157	Prutz, Hans	Universitätsprofessor a. D. Geheimrat Dr.	München
158	Quidde, Ludw.	Professor Dr.	München
159	Rachfahl, Felix	Universitätsprofessor Dr.	Königsberg i. Pr.
160	Redlich, Oswald	Universitätsprofessor Dr.	Wien
161	Rethwisch, C.	Gymnasialdir. Prof. Dr.	Charlottenburg
162	Rietschel, Siegfried	Universitätsprofessor Dr.	Tübingen
163	Salomon, Felix	Universitätsprofessor Dr.	Leipzig
164	Scala, Rudolf von	Universitätsprofessor Dr.	Innsbruck
165	Schäfer, Ernst	Privatdozent Prof. Dr.	Rostock i. Meckl.
166	Schiff, Otto	Bibliothekar Dr.	Frankfurt a. M.
167	Schickinger, Herm.	k. k. Gymnasialprof. Dr.	Linz
168	Schlitter, Hans	Staatsarchivar Dr.	Wien
169	Schmidt, Rich.	Universitätsprofessor Geh. Hofrat Dr.	Freiburg i. Br.
170	Schmoller, Gustav	Universitätsprofessor Dr.	Berlin
171	Schneider, Eugen von	Direktor d. kgl. Hof-, Haus- und Staatsarchivs Dr.	Stuttgart
172	Schnürer, Gustav	Universitätsprofessor Dr.	Freiburg (Schw.)
173	Schöttle, G.	Postrat Dr.	Tübingen
174	Schulte, Aloys	Universitätsprofessor Dr.	Bonn
175	Schultze, Alfred	Universitätsprofessor Dr.	Freiburg i. Br.
176	Schulz, O. Th.	Privatdozent Dr.	Leipzig
177	Schulze, H.	Oberlehrer Professor Dr.	Barmen
178	Schwemer, Richard	Oberlehrer Professor Dr.	Frankfurt a. M.
179	Seeliger, Gerhard	Universitätsprofessor Dr.	Leipzig-Gohlis
180	Sieveking, Heinr.	Universitätsprofessor Dr.	Marburg i. H.
181	Sorgenfrey, Theodor	Oberlehrer Professor Dr.	Neuhaldensleben
182	Spannagel, K.	Universitätsprofessor Dr.	Münster i. W.
183	Stälin, Paul von	Präsident Dr.	Stuttgart
184	Stahlecker, Reinh.	Gymnasialprofessor Dr.	Tübingen
185	Stern, Alfred	Universitätsprofessor Dr.	Zürich
186	Stritzko, Rudolf	Archivkonzipist Dr. phil.	Wien
187	Stromer-Reichenbach, Frhr. von		München
188	Stutz, Ulrich	Universitätsprofessor Dr.	Bonn
189	Sutter, C.	Universitätsprofessor Dr.	Freiburg i. Br.
190	Tesdorpf	Direktor d. Mädchenschule	Hildesheim
191	Thorbecke, Aug.	Geh. Hofrat Dr.	Heidelberg

Nr.	Name	Titel und Stellung	Wohnort
192	Thudichum, Friedrich von	Universitätsprofessor a. D. Dr.	Tübingen
193	Tille, Armin	Dr. phil.	Leipzig
194	Toeche-Mittler, T.	Verlagsbuchhändler Dr.	Berlin
195	Trapet, Augustin		Ehrenbreitstein
196	Traut, Hermann	Bibliothekar Dr. phil.	Frankfurt a. M.
197	Ulmann, H.	Universitätsprofessor Geheimrat Dr.	Greifswald
198	Unzer, Adolf	Universitätsprofessor Dr.	Kiel
199	Varges, W.	Gymnasialdirektor Dr.	Pasewalk
200	Vigener, Fritz	Dr. phil.	Gießen
201	Vogt, Ernst	Privatdozent Dr. phil.	Gießen
202	Vogt, Wilh.	Gymnasialrektor Dr.	Nürnberg
203	Voltelini, Hans v.	Universitätsprofessor Dr.	Innsbruck
204	Voß, W.	Bibliothekskustos Dr.	Schwerin i. M.
205	Wahl, Adalbert	Universitätsprofessor Dr.	Freiburg i. Br.
206	Wangerin, Ernst	Oberlehrer Dr. phil.	Duisburg
207	Weber, Ottokar	Universitätsprofessor Dr.	Prag
208	Wehrmann, Mart.	Oberlehrer Professor Dr.	Stettin
209	Weller, Karl	Oberpräzeptor Dr.	Öhringen (Württemberg)
210	Welzhofer, H.	Professor Dr.	Rohrbach bei Heidelberg
211	Wendland, W.	Oberlehrer Dr.	Celle
212	Werunsky, Emil	Universitätsprofessor Dr.	Prag
213	Wohlwill, Adolf	Professor Dr.	Hamburg
214	Wolff, Max Freiherr von	Dr.	Graefelfing-München
215	Wolfram, Georg	Archivdirektor Geheimer Archivrat Dr.	Metz
216	Wolfram, Ludwig	Gymnasialprofessor Dr.	Bamberg
217	Wurm	Pfarrer Dr.	Hausberge
218	Ziekursch, Johannes	Privatdozent Dr.	Breslau
219	Zimmermann, Franz	Archivar	Hermannstadt (Siebenbürgen)
220	Zwiedineck-Südenhorst, Hans v.	Universitätsprofessor Dr.	Graz

Printed by Libri Plureos GmbH
in Hamburg, Germany